해피스톤은
왜 **토암바 섬**에
갔을까?

한 권으로 읽는 경제학 입문서
자연 경제에서 신자유주의 경제까지

해피스톤은
왜 **토암바 섬**에
갔을까?

로랑 코르도니에 지음 | 정기헌 옮김

함께읽는책

정 기 헌

파리8대학 철학과에서 석사 과정을 수료했고, 한국외국어대학교 통역번역대학원을 졸업하였다. 현재 전문번역가로 활동 중이며 번역한 책으로는 《프란츠의 레퀴엠》, 《남겨진 사람들》, 《고독의 심리학》, 《트레이더는 결코 죽지 않는다》, 《고양이가 내게 말을 걸었다》, 《프랑스는 몰락하는가》 등이 있다. 〈르몽드 디플로마티크〉 한국판 번역에도 참여하고 있다.

해피스톤은 왜 **토암바 섬**에 갔을까?

한 권으로 읽는 경제학 입문서 자연 경제에서 신자유주의 경제까지

초판 1쇄 발행 2012년 7월 30일

지은이 로랑 코르도니에
옮긴이 정기헌
펴낸이 양소연

기획편집 함소연 진숙현 디자인 하주연 이지선
마케팅 이광택 관리 유승호 김성은
인터넷사업부 양채연 이동민 백윤경 이정돈 김정희

펴낸곳 **함께읽는책** 등록번호 제25100-2001-000043호 등록일자 2001년 11월 14일

주소 서울시 금천구 가산동 60-3 대륭포스트타워 5차 1104호
대표전화 02-2103-2480 팩스 02-2624-4240 홈페이지 www.cobook.co.kr
ISBN 978-89-90369-96-3(03320)

함께읽는책은 도서출판 **나눔의집**의 임프린트입니다.

임금 노동자들은 번 만큼 쓴다.

자본가들은 쓸수록 번다

— 해피스톤 —

일러두기

- 이 책은 2010년에 출간된 로랑 코르도니에의 L'économie des Toambapiks: Une fable qui n'a rien d'une fiction을 우리말로 옮긴 것입니다.
- 책 제목은 《 》, 신문, 잡지, 책이 아닌 장·단편 소설, 논문 예술 작품은 〈 〉, 신문이나 잡지 등에 수록된 글은 ' '로 묶었습니다.
- 외래어 표기는 국립국어원 외래어 표기법을 따랐습니다.
- 주와 저자주는 모두 각주로 처리했고, 저자주는 문장 끝에 •으로, 옮긴이 주는 *으로 표시했습니다.

한 국 어 판   저 자   서 문

아마도 한국 독자들은 이 경제 우화를 읽다가 2~3부쯤에
이르러 '토암바 인들이 겪는 고난이 도대체 나와 무슨 상
관이냐'고 물을지도 모르겠다. 얼핏 보면 태평양의 작은
섬에 고립되어 살아가는 이 작은 미개 부족이 경제 발전
과정에서 겪는 문제들은 완전히 다른 세계 이야기처럼 보
인다.

오늘날 한국과 같은 나라의 경제적 현실과는 더더욱
상관이 없어 보인다. 토암바 인들은 외부 세계와 어떤 교
류도 없이 철저히 자기들끼리 살아간다. 그뿐만이 아니
다. 토암바 섬에는 한국 경제를 지배하는 재벌 같은 존재
도 없으며 이중 노동 시장*이 형성되어 있지도 않다(토암
바 섬의 경제는 소농들의 경쟁에 기초한 농업 경제다). 또한
OECD 전문가들은 문제점이라고 지적할 수도 있겠지만,

---

* Dual labor market: 상대적으로 안정된 고용 상태와 높은 임금, 양호한 노동 조건
등을 보장받는 1차 노동 시장과 열악한 임금과 노동 조건을 가진 2차 노동 시장으
로 양분되는 노동 시장의 이중 구조.

그들은 서비스업의 생산성 때문에 고민하지도 않는다.*
인구 변화와 관련해서도 한국과 토암바 섬이 겪는 문제는
서로 다르다.

이처럼 서로 공통점이 거의 없는데도 한국인들이 굳이
토암바 인의 운명에 관심을 가질 이유가 있을까? 한국과
토암바 섬의 경제가 다른 만큼, 미국이나 프랑스 혹은 중
국이나 브라질과도 다르지 않느냐는 말로도 한국의 독
자를 설득할 수 있을 것 같지 않다. 그 이유는 바로 토암
바 섬의 경제는 특정한 국가 경제로서의 면모를 전혀 보여
주지 않기 때문이다. 하지만 바로 이것이 내가 우화라는
형식을 통해 전달하려는 것 중 하나다.

우화는 우리를 색다른 공간으로 데려다 준다. 그 속에
서 각 경제 형태들을 구분하는 주요한 특징들은 일시적으
로 제거된다. 자본주의 경제의 기능적 핵심, 즉 개인 기업
을 중심으로 발전해 온 모든 경제 형태들이 공유하는 핵
심만을 부각시키기 위해서다. 이를 테면 지불 수단으로
(현물이 아닌) 화폐를 사용하고, 경쟁을 통해(순조롭지는
않지만) 개인적 활동을 규제하는 것 등이다. 이처럼 우화
는 의도적으로 현실의 다양성을 버리고 단순화한다. 우

* 문제는커녕 오히려 그 덕분에 토암바 섬은 낮은 실업률을 유지할 수 있다.

화는 달을 주의 깊게 관찰하다가 지구 역시 둥근 모양이 아닐까 상상하기 시작하는 것과 비슷한 효과를 노린다. 단순화를 통해 독자의 이해를 돕는 것이다. 그러나 주류 경제학자들(특히, 경쟁을 내세우지만 막상 현실에서는 전 세계적으로 경제적 토론을 독점하는 신고전파 경제학자들)에게 가해지는 비난과 같은 말을 들을 위험도 있다. 완전히 다른 세상의 경제를 묘사한다는 식의 비난 말이다! 하지만 그런 위험은 감수할 가치가 있다.

토암바 인들의 영토(단순화된 모델과 우화의 세계)로 들어감으로써, 우리는 주류 신고전파 경제학 이론의 반대 진영에 선다는 것이 오직 그들을 비판하는 것만은(물론 이것도 유용하지만) 아니라는 사실을 보여 줄 수 있다. 그리고 주류 경제학자들만이 우리의 경제 체제가 작동하는 방식을 정확하게 분석할 수 있다는 주장을 반박할 필요가 있다. 그들과 동일한 오류를 저지르지 않도록 조심하면서 그들보다 더 많은 것을 이해할 수 있다는 사실을 보여 주어야 한다. 우화가 꾸며 낸 이야기에 그치지 않기를 원한다면 주요 경제 제도의 성격을 명확하게 제시하는 것에서 시작해야 한다(생산 수단의 사적 소유, 화폐 소득, 화폐 지출

을 통한 이윤 창출, 현실적인 주주들이 취하는 투자와 분배 정
책 등). 그리고 이렇게 구축된 해석 모델은 다양한 '변형 가
능성에 대해 열려 있어야 한다.' 그래야 자본주의의 역사
적 발전 단계와 분석 대상이 되는 사회의 사회 · 정치학적
특수성에 맞춰 모델을 적용할 수 있다.

80년대 전환기를 거치며 기존의 '선진국들'이 그려온 독
특한 경제적 변화의 궤적을 이해하는 것, 이것이 내가 이
책을 집필한 두 번째 목적이다. 신자유주의와 금융화로
특징 지을 수 있는 이 궤적은 경제적 특권을 되찾기 위해
지배 계급과 지도자들이 기업과 사회의 기능을 오로지 자
신들에게만 유리한 방식으로 변형하려는 시도였다고 볼
수 있다.

제2차 세계대전이 끝나고 한동안(1945~1980) 기업과
경제 전반이 정치적, 사회적 타협 속에 함께 발전하면서
성과를 내던 것과 대조적이다. 높은 성장률, 완전 고용,
불평등 감소, 공공 서비스와 복지 제도 발전이 그럭저럭
가능했던 '황금기'는 끝났다. 신자유주의와 금융 자본이
그 끝을 앞당겼다. 지배 계급은 과거만큼 경제적 성장을
이루지 못하더라도 재산을 불릴 수 있는 자본주의 경제

체제를 구축하고자 했다. 급속하게 자본을 축적할 수 있
는 시대는 끝났다. 이제 신속한 치부致富의 비결 따위는 없
다. 기업주들도(소위 신흥국들의 경우는 예외지만) 예전처럼
욕심을 내지 못한다.

자본주의를 금융화하고 자유화하려는 안간힘은 결국
축적 없이(더 정확히 말해, 투자와 생산의 증가가 매우 미미한
상황에서) 이윤을 확보하려는 노력이었다. 이것이 바로 내
가 토암바 인들의 우화를 통해 보여 주고자 한 것이다. 어
떻게 하면 계란 없이 오믈렛을 만들 수 있을까? 참으로 어
려운 도전이다. 그러나 기존 선진국의 자산가들과 금리
생활자들은 부분적으로 이 일을 해냈다. 그들은 기업들이
자국 내에서 투자를 줄이고 주주들에게 배당금을 나눠 줄
생각에 골몰하는 상황에서(엄청난 수익률을 강요하면서) 끊
임없이 이윤을 긁어모았다. 그러나 이것도 유럽과 미국이
심각한 경제적, 사회적 위기에 빠지기 전, 대규모 금융 위
기가 전 세계를 뒤흔들기 전까지 가능했던 일이다.

한국 역시 지구상의 다른 나라들과 마찬가지로 토암바
인들이 겪은 경제적 문제들을 피해 가지 못했다. 이것이
바로 한국의 독자들에게도 이 이야기가 흥미로울 수 있는

이유다. 예견의 위험성에 대한 피에르 부르디외의 경고*를
상기한다고 해도, 토암바 섬 역시 언젠가는 이런저런 방
식으로 황금기의 종말을 맞게 되리라 예측할 수 있다. 그
렇게 되면 이윤으로 살아가던 토암바의 지배 계급은 어떤
방식으로 자신의 위치를 되찾으려 할 것인가? 외부 수요
를 통해 이윤을 확보하는 수출 전략을 모색하게 될까? 그
러나 다른 모든 나라들의 지배 계급이 동일한 전략을 구
사할 경우 이 게임에서 모두가 승리할 수 없음은 불 보듯
뻔하다. 아니면 그들은 (미국은 말할 것도 없고) 대부분의
유럽 국가들처럼 가계 대출을 부추겨서 (세계 경제 둔화로
인해) 갈수록 줄어드는 외부 수요와 (경쟁력 제고를 핑계
로) 점점 낮아지는 임금 상승률을 신용 소비로 메우려고
할까?

이제 독자들은 구매력을 증가시키기 위해 무엇을 해야
할지도 모르고 지금의 경제 체제를 유지하기 위해 그저 은
행가들의 배를 불려 줄 수밖에 없는 토암바의 노동자들에
게 연대감을 느끼게 될 것이다. 이와 더불어, 오늘날 임금
노동자들이 걱정하는 연금 재원 확보 문제는 어떻게 될 것
인가? 지배 계급은 연기금의 무한 자본화에 몰두할 것인

* 《맞불》, 피에르 부르디외 저, 현택수 역, 동문선, 2004.

가, 아니면 공동 분담에 기초한 연금 제도를 통해 진정한
세대 간 연대를 실현할 것인가? 이와 관련해서도 토암바
인들의 경험은 우리에게 생각할 거리를 제공한다. 토암바
섬의 지주들은 은퇴 후 연금을 받기 위해 기업들에게 더 많
은 이윤을 뽑아내도록 강요한다. 그 때문에 투자는 더욱
감소하고 점점 많은 사람들이 실업과 빈곤 상태에 빠지게
된다.

　나는 이 책이 단순한 우화를 넘어서 호기심 많은 이들,
정직한 사람들, 학생, 시민, 실천적 지식인들에게 현재의
중요한 경제 문제들을 다루는 토론에 적극적으로 참여하
는 계기가 되기를 바란다.

　경제 문제에 대한 이해를 돕기 위해 우화라는 단순한 형
식을 빌렸지만, 경제학을 처음 접하는 독자에게는 다소
어려운 부분이 있을지도 모르겠다. 하지만 이해하려고 노
력하다 보면 일종의 안도감을 느끼는 순간이 올 것이다.
마조히스트가 되라는 말이 아니다. 그것은 사회적 통념
을 극복하려는 노력 없이 모든 것을 다 안다고 믿는 것은
한쪽 목발에만 의지해서 걷는 것과 같음을 깨닫는 데서
오는 안도감이다.

"지배적 담론의 상징적 힘은 만장일치를 가장한 겉모습
에서 온다."*

Laurent Cordonnier

2012년 6월,
프랑스 릴에서

• 위와 같은 책.

편집자 서문

경제학자들은 우화寓話를 통해 이야기하는 것을 좋아한
다. 그러나 우리 레종다지르Raisons d'Agir 출판사는 그런 책
들을 즐겨 출판하지 않는다. 우리는 현실을 우화처럼 각
색하는 지배적 담론을 비판하거나, 특정 경제 모델의 신
화가 묘사하는 이상향과 대치되는 현실을 주저 없이 폭
로하는 내용의 경제 서적들을 주로 출판해 왔다.

그런데 여러분이 지금 손에 들고 있는 책은 우화다. 그
에 대해서는 설명이 조금 필요할 듯하다. 조금은 구식처
럼 느껴지는 이 문학 장르는 커다란 장점이 있다. 기본적
으로 우화는 그것을 듣거나 읽는 이들을 상상의 세계(그
렇지만 이 세계가 수긍할만한 세계여야 한다는 점이 중요)로
인도함으로써 교육적 효과를 불러일으킨다. 불필요한 복
잡성이 제거된 이 가상의 세계는 현실 세계가 작동하는 원

리와 그 속에서의 균열을 발견할 수 있도록 도와준다. 따라서 우화 속에서 전개되는 장면들은 실제 세계의 근본 요소들이 더욱 가시적으로 드러날 수 있도록 이국적이고 단순해야 한다. 나쁜 우화가 가상 세계로 가는 편도 티켓이라면 좋은 우화는 현실 세계로 돌아올 수 있는 왕복 티켓이다. 이 독특한 책이 과거의 철학적 우화들과 마찬가지로 독자들의 이해를 돕고, 질문을 갖게 하고, 비판의 날을 벼리는 데 도움이 되었으면 한다.

그러나 이 책이 쉽지만은 않다는 사실을 독자들에게 미리 일러둘 필요가 있을 것 같다. 이 책의 이야기는 이중의 구조로 이루어져 있다. 장래가 촉망되는 경제학자 짐 해피스톤은 토암바 섬의 경제 발전을 돕기 위한 임무를 띠고 섬에 파견되었다. 그가 처음 발을 내딛은 토암바 사회는 어떤 경제적 질서도 존재하지 않는 '처녀지'가 아니었다. 오히려 매우 잘 조직된 사회다. 저자는 도식화의 방식을 통해 지배적인 담론 속에 묘사된 시장 경제, 즉 일반적인 경제학 교과서(이 책은 대부분 고전파 경제학자들과 레옹 발라에게 전수받은 이야기를 들려준다) 속에 숨겨진 이야기들을 보여 준다. 그러면서 저자는 몇 가지 중요한 제도적 변형을 통해 토암바 섬이 잘 조직된 상태에서 어떻게 벗어나게 되는지를 함께 보여 준다.

그리고 토암바 섬에 소득의 분배와 지출 과정에 화폐를 도입하는 것으로 두 번째 우화가 시작된다. 지배적인 경제 담론이 담긴 우화에서 케인지언의(더 정확히는, 포스트 케인지언) 관점이 반영된 우화로 바뀌는 것이다. 이 전환 과정 속에 묘사된 토암바 섬 주민들의 행복과 불행은 우리 자신이 속해 있는 경제 체제의 성격을 그대로 반영하고 있다. 토암바 섬의 경제가 변화해 가는 모습을 묘사한 이 두 번째 우화를 통해(앞서 말한 좋은 우화) 저자는 우리가 어떤 과정을 통해 현재의 금융 위기라는 깊은 나락의 입구까지 오게 됐는지를 보여 주고 있다. 이 책의 마지막 장을 덮는 순간, 토암바는 더 이상 낯설게 느껴지지 않을 것이다.

차례

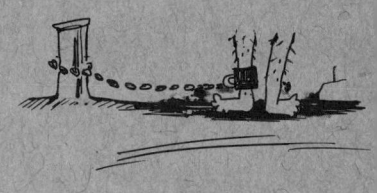

지명과 등장인물 설명

•))) 지명

세투부Cetouvu : 토암바 섬의 수도이다. 세투부는 '모든 것은 이미 결정되어 있다'는 의미의 프랑스 어와 발음이 유사하다.

•))) 인물

주인공 해피스톤네 사람들

해피스톤Happystone : 촉망받는 MIT 경제학부 조교수. 지도 교수의 권유로 토암바 섬의 사회적, 경제적 조건을 개선하는 임무를 띠고 비행기에 몸을 싣는다. 토암바 섬에 화폐를 도입하는 것을 시작으로 이 섬에 서구의 경제적 환경을 조성한다.

마틴 롬키 Martin Romky : 토암바 섬에 가는 것이 좋은 기회라며 해피스톤을 설득한 지도 교수. 임무를 마치고 돌아오면 대학교수 자리를 주겠노라 약속한다.

부갱빌Bougainville : 주인공 해피스톤의 통역사이다. 실제로 부갱빌이라는 인물은 프랑스인 최초로 세계 일주를 한 항해가이기도 하다. 부갱빌이 발견해 그의 이름을 딴 섬도 있다.

토암바 섬의 왕족들

켈슈트Kelshut : 사슈트 왕의 조상. 귀족들에게 밭에 대한 사적 소유를 허용하는 대신 정치적 권력을 포기하도록 종용했다. 그 덕분에 카렌토크들이 생겨났다.

사슈트Sashut : 토암바 섬의 왕이다. 나이가 많아 아들에게 왕위를 물려주려고 한다. 프랑스 어로 '추락하다', '주가가 하락하다'라는 뜻을 지닌 단어와 발음이 같다.

사피크Sapik : 왕의 세 번째 아내로 주민 회관 창고의 관리를 맡고 있다. '맵다, 따끔거리다, 톡 쏘다'라는 뜻의 프랑스 어와 발음이 동일하다.

사토암Sattam: 사슈트 왕의 큰 아들. 발라 의식의 책임자이다.

카두크Caduc : 왕의 아들. 사슈트에 이어 다음 왕위를 이을 예정으로, 중앙은행이 설립되면서 총재가 된다. 프랑스 어로 '낡은, 시대에 뒤쳐진' 등의 의미가 있다.

칼도크Kaldoc : 왕의 딸. 단발머리에 날씬한 여성이다. 토암바 섬에 경제적 위기가 닥쳤을 때, 오빠 카두크와 함께 토암바 섬의 경제를 살리는 데 큰 역할을 한다. '뉴칼레도니아의 백인'이라는 뜻을 가진 이름으로 짐작된다.

토암바 섬의 주민들

카렌토크karentoc : 토암바에서 밭을 소유한 지주들을 가리키는 말이다. '태만, 지불 불능' 등을 뜻하는 프랑스 어와 유사하다.

팍톨Paktol : 카렌토크의 대표로 공식석상에서 카렌토크의 입장을 대변한다. '부의 원천', '노다지'를 뜻하는 프랑스 어와 발음이 같다.

워크하드workhard : 노동자 대표이다. '열심히 일하다'라는 뜻의 영어에서 따온 이름으로 짐작된다.

프 롤 로 그

에어 퍼시픽 링크의 비행기가 토암바 섬의 수도 세투부의
흙으로 다져 만든 활주로에 착륙했을 때, 짐 해피스톤은
착잡한 기분에 사로잡혔다. 자신의 '본거지'로부터 얼마
나 멀리 떨어진 곳으로 와 버렸는지 실감났기 때문이다.
그곳은 뉴잉글랜드와 보스턴, 무엇보다 매사추세츠공과
대학MIT의 경제학 도서관에서 까마득하게 아주 멀리 떨어
진 곳이었다. 그가 몇 주 전부터 막연하게 상상했던 토암
바 섬과 그곳 주민들의 독특한 삶의 방식은 머지않아 구
체적인 현실로 모습을 드러낼 것이었다. 그 현실은 이제
해피스톤 자신의 현실이기도 했다.

　전도유망한 이 MIT 경제학부 조교수가 토암바 섬에 머
물며 그곳의 사회 · 경제적 조건을 개선하는 임무를 맡겠
다고 나선 이유는 무엇일까? 더구나 토암바 섬의 경제적

상황은 이렇다 할 특징도 없는, 단순하기 짝이 없는 상태였다. 어떤 야심이 있는 게 분명했다. 그렇지 않고서야 이토록 멀리 떨어진 섬에서 몇 년씩이나 지낼 이유가 없지 않은가?

사실, 그의 지도 교수 마틴 롬키가 촉망받는 젊은 학자에게 이런 기회는 쉽게 찾아오지 않는다며 해피스톤을 설득했다. "직접 가서 보면 그곳이 황금의 땅이라는 것을 알게 될 걸세. 지난 두 세기 동안 경제학의 대가들(고전파 경제학과 신고전파 경제학)과 우리들이 찾아내고 발전시켜 온 고전파 정치 경제학의 원칙을 순수한 형태로 관찰할 수 있는 곳이 바로 토암바 섬이라네. 한마디로 우리가 알고 있는 모든 경제학적 가설들을 시험해 볼 수 있는 이상적인 장소인 셈이지. 그러니까 그 섬은 대학의 경제학과 1학년 전공책에 나올 만한 전형적인 케이스라는 말이네. 일단 가보면 자네가 뭘 해야 할지 금세 감이 잡힐 걸세. 현장에 직접 가서 연구를 수행하는 경제학자들이 얼마 안 된다는 건 자네도 알지 않나? 그러니까 거기에 갔다 왔다는 것만으로도 대학 교수 자리를 둘러싼 치열한 경쟁에서 비교 우위를 선점할 수 있을 걸세. 그리고 자네가 귀국한 다음 그

곳에서의 연구 성과들을 〈아메리칸 이코노믹 리뷰〉나 〈쿼
털리 저널 오브 이코노믹스〉 같은 학술지에 실을 수 있도
록 내가 힘써 주겠네.”

　해피스톤이 지도 교수의 제안을 받아들인 것은 다음과
같은 이유 때문이었다. 먼저 경제학 이론의 적용 가능성
을 탐색하기 위해서였다. 그리고 서구 기독교 문명과 선
진 자본주의 사회가 제공하는 안락한 삶과 완전히 단절
된, 인간은 물론 신조차도 관심을 두지 않을 것 같은 바
다 너머 외딴 섬에서 고립된 생활을 한다는 것이 그렇게
말도 안 되는 생각은 아닌 것 같아서였다. 무엇보다 중력
의 법칙을 확인하려면 진공 상태가 가장 이상적이지 않은
가. 공기 중에 낙엽이 떨어지는 모습 따위를 관찰해 봐야
중력 가속도는 증명되지 않는다. 물리학 법칙을 관찰하려
면 실험실에서의 경험이 꼭 필요하며 경제학 이론이라고
해서 예외일 수 없다. 그래서 해피스톤은 결심한 것이다.

　해피스톤은 비행기에서 내리자마자 프랜시스 부갱빌
(해피스톤이 토암바 섬에 머무는 동안 통역해 줄 사람)에게 간
단한 브리핑을 받았다. 그것이 토암바 인들이 그에게 베
풀어 준 환영식의 전부였다. 토암바 섬의 왕 사슈트, 그의

아들 사토암과 부인들, 그리고 단순하게 생긴 북을 열심히 두드리는 연주자 대여섯 명이 마중을 나왔을 뿐, 성대한 환영식을 자제하는 분위기였다. 침체된 경제 상황에서 빠져나올 수 있도록 자신들을 돕기 위해 오는 사람들이 고맙긴했지만, 매번 '창백한 얼굴'의 누군가가 자신들을 궁지에서 구해 주겠답시고 배나 비행기를 타고 도착할 때마다 드는 의구심은 어쩔 수 없었다. 외지인들을 경계하는 그들의 습성도 한몫했을 것이다. 믿을 수 없겠지만, 토암바 섬의 경제 발전을 위해 국제통화기금IMF의 직원이 해피스톤을 추천하기 전까지 그들은 MIT와 그 경제학자에 대해서 들어본 적도 없었다. IMF의 직원이 토암바 섬에 최고의 경제학자를 보내겠다고 약속하면서 했던 말이 "시카고학파 경제학자가 아니라, 표준 경제학을 공부한 사람을 보내겠다"였다. 그러나 토암바 인들이 시카고학파 경제학과 표준 경제학의 차이 따위를 알 리가 없었다. 어쨌든 미래를 내다보는 토암바 인들의 예지 능력은 조상들로부터 물려받은 지혜에서 비롯된 것이리라.

의전 행사는 간단히 끝났다. 단조로운 리듬으로 맥 빠지게 두드리는 북소리를 제외한다면 모든 것이 간소하게 진행됐다. 서로 예의를 갖춰 인사하고 의례적인 선물을 교환하는 게 전부였다. 토암바 인들은 해피스톤에게 야자유에 구운 타로 요리를 대접했고, 해피스톤은 롬키 교수가 쓴 경제학 책을 선물했다. 속지에는 저자 사인과 함께 토암바 어로 다음과 같은 문구가 적혀 있었다. "모든 문명은 스스로의 경직성에 의해 멸망하고 만다." 해피스톤은 이 말이 앞으로 수행할 임무에 대한 불길한 예언처럼 느껴졌다. 간소한 선물이었지만 양쪽 모두 만족한 눈치였다. 양쪽 모두 상대방이 자신들의 문명이 제공할 수 있는 최상의 선물을 준비했음을 잘 알고 있었다. 롬키 교수의 저서는 두 번째 밀레니엄이 시작되는 시점에 정치 철학이 도달한 최고봉이었으며, 토암바 인의 음식은 토암바 섬의 삶의 양식에 혁명적 변화가 찾아오려는 시점에 완성된 요리의 진수였다.

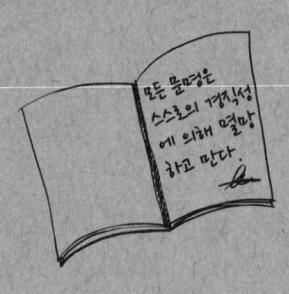

해피스톤은 환영식의 초라함에 실망하지 않았다. 그러나 그들이 샴페인 대신 대접한 구운 타로 요리를 보며 앞으로 자신이 해야 할 임무의 어려움을 어렴풋이 예감했다. 그는 끈끈한 덩이 식물로 만든 그 요리를 먹는 둥 마는 둥 했다. 대신 동정 어린 표정으로 입을 삐죽 내미는 것으로

이곳 경제 상황에 대한 진단이 시작됐음을 암시했다. (그
들이 해피스톤에게 바라는 바이기도 했다.) 해피스톤은 이들
의 문제는 한 가지 작물만 소비하는 것이며, 따라서 다양
한 소비를 통해 행복을 느낄 수 있도록 해주는 일이 관건
이라고 생각했다.

그때까지만 해도 해피스톤은 그들을 더 행복하게 해주
기 위해 그가 시도하게 될 다양한 방법들이 결국 악몽이
되리라고는 짐작조차 하지 못했다. 또한 타로 한 가지만
재배하고 소비하는 단조로운 생산양식에 변화를 줌으로
인해 평화로운 농경 사회가 선진 자본주의 경제로 탈바꿈
하고, 자본주의의 내적 모순에서 비롯된 온갖 문제들에 직
면하게 되리라고는 상상조차 하지 못했다. (어떻게 상상할
수 있었겠는가.) 토암바 섬의 경제는 우선 이윤 감소의 문
제를 겪게 될 것이고, 점차 소비재의 종류가 다양해지고
생산력이 급격히 향상되는 시기를 지나 실업 문제에 직면
하게 될 것이다. 그리고 마지막으로 불가항력처럼 급격
히 증가하는 주주 배당금 사태에 속수무책이 될 것이다.

이야기가 시작되기 전에 미리 결말을 알 수는 없다. 해
피스톤은 토암바 인들의 재배 작물과 소비를 다원화하

고, 현물 지불 시스템을 대체하는 화폐 지불 시스템을 도
입함으로써 그들을 완전 고용 경제의 에덴동산에서 추방
하게 될 것이었다. 만약 모든 게 그의 손에 달려 있는 문제
였다면, 그는 도착 첫날 눈앞에 펼쳐진 광경들을 느긋한
태도로 관망할 수도 있었을 것이다. 토암바 섬의 시장 경
제 조직은 경제학과 신입생의 교재에 제시된 모델과 완벽
하게 일치했다. 해피스톤도 이런 교재로 공부하면서 세계
관의 기초를 확립했으며 이를 바탕으로 후학들을 양성할
예정이었다. 그는 고전파 경제학자들과 레옹 발라*의 제
자들이 이론화한 무결점의 모델 그 자체인 토암바 섬의 경
제 체제를 연구하면서 느긋하게 휴가를 즐길 수도 있었을
것이다. 물론 토암바 섬에서 이국적 정취를 기대할 수 있
을지는 모르겠지만 말이다. 근엄한 교과서에 나오는 시
나리오(많이는 읽히지만 무대에는 드물게 올리는 시나리오)가
극으로 상연되는 것을 볼 수 있다는 것, 더욱이 열대의 태
양 아래서 그것을 감상할 수 있다는 사실만으로 해피스
톤은 충분히 행복할 수 있었다. 그러나 그 뒤에 다양한 사
건을 겪고 토암바 인들의 요구들을 들어주는 과정에서 사
태는 전혀 다른 방향으로 흘러갔다. 해피스톤은 다양해

---

* Léon Walras(1834~1910): 프랑스의 경제학자. 《순수경제학요론》에서 제창한 한
  계효용이론과 경제 수량의 상호 의존 관계를 수학적으로 포착한 일반균형이론을 통
  해 근대 경제학 발전에 공헌했다.

진 생산물을 쉽게 교환하기 위해 화폐를 도입했지만 이것이 고전파 경제학(혹은 신고전파 경제학) 교과서에 나올 만큼 모범적인 토암바 섬의 경제 체제를 완전히 새로운 모델로 탈바꿈시키리라고는 예상하지 못한 것이다. 여기서 새로운 모델이란 사적 소유에 기초한 화폐 경제를 뜻한다. 이 모델은 선진 자본주의로 발전하면서 모든 종류의 순기능과 역기능의 과정을 차례로 겪게 될 것이다.

케인스*에 대해 좋게 말하는 것을 단 한 번도 들어 본 적이 없는 해피스톤은 그가 뒤늦게 발견한 법칙의 지배를 받는 적대적인 환경 속에서 생존 수칙을 익힐 틈도 없이 헤매는 처지가 될 것이었다. 해피스톤은 자신이 도입한 제도로 인해 타로 밭 주인들이 호사롭게 누리던 이윤이 사라지고, 토암바 인들이 새로운 세계로 진입하게 되리라고 상상하지 못했다. 심지어 그 때문에 자신의 목숨마저 위협 받을 줄은 꿈에도 몰랐다. 토암바 섬에 갓 도착한 그때 이 모든 일들을 어떻게 짐작이나 할 수 있었겠는가? 그 뒤로 전개되는 사태에 대해서는 더더욱 알 도리가 없었다.

이야기는 다음과 같이 진행된다. 해피스톤은 밭 주인들에게 타로 생산의 기계화를 위해 투자할 것을 권유한

---

* John Maynard Keynes(1883~1946): 영국의 경제학자. 그는 저서 《고용·이자 및 화폐의 일반 이론》에서 완전 고용을 실현하고 유지하기 위해서는 자유방임주의가 아닌 공공 지출이 필요하다고 주장하였으며 이 이론에 입각한 사상의 개혁을 케인스 혁명이라고 한다.

다. 대규모로 투입된 투자로 밭 주인의 이윤은 늘어나게
된다. 단지 돈을 지출하는 것만으로 기적을 이룬 것이다.
한쪽에서 투자를 하면 다른 쪽에서는 이윤을 얻게 마련이
다. 이 성공을 계기로 해피스톤은 마침내 이 아름다운 사
회의 일원으로 인정받게 된다. 그러나 창고에 가득 쌓여
화석화되어 가는 농기구 이윤 말고 소비의 즐거움을 맛보
고 싶은 밭 주인들은 실망하고, 해피스톤은 그들에게 배
당금 형태로 이윤을 돌려줌으로써 이 문제를 해결하려고
한다. 소비로 지출되는 배당금이 다시 그들의 이윤을 늘
려줄 것이기 때문이다. 이 위험과 위기로 가득 찬 모험의
결말에 이르러 해피스톤은 토암바 인들에게(혹은 자신에
게) 축적 없는 이윤의 효과를 보여 줄 수 있을 것이라 믿는
다. 그러나 그 과정에서 해피스톤은 임금 노동자들이 빚
에 허덕이는 모습을 무력하게 지켜볼 수밖에 없을 것이다.
　이상이 내가 여러분에게 들려줄 이야기의 줄거리다. 촉
망 받는 한 경제학자가 자신이 촉발했지만 자신의 통제
를 벗어나 급격히 진행되는 상황들을 따라 잡으려고 애쓰
는 과정에서 은연중에 포스트 케인스주의적 사고로 전향
하게 되고 학계에서 자취를 감춘다는 내용의 이 이야기는

해피엔딩으로 끝나지 않는다. 그렇다고 멜로드라마처럼 슬픈 이야기도 아니다. 심지어 기쁜 마음으로 이 과정을 지켜보는 독자들도 있을 것이다. 그들은 한 경제학자가 자신들의 편이 됨으로써 전 세계가 다시금 옳은 길로 향할 수 있는 길이 열렸다고 믿을지도 모른다. 그러나 그들은 70년이나 지난 시점에서 케인스, 칼도어, 칼레키, 로빈슨의 이론을 재창조하는 것이 우리의 '부를 박탈하는 거대한 기계'가 되어 버린 경제 시스템의 고장 난 부분을 비싼 비용으로 뒤늦게 수리하는 일이라는 사실을 잊지 말아야 할 것이다.

타로 밭

토암바 섬에 도착한 뒤 첫 일주일 동안 해피스톤은 바뀐 음식 때문에 생긴 변비로 애를 먹었다. 우쭐대며 열대 지방을 돌아다니다 투리스터*에 걸리는 여행자들보다는 좀 나은 편이었지만 하루 세 끼를 타로로 해결해야 한다는 걸 생각하면 낫다고 할 수도 없었다. 부갱빌도 처음에는 같은 증상으로 고생했다는 말을 듣고 그나마 위로가 되었다.

첫 일주일 동안 해피스톤의 유일한 낙은 토암바 섬 이곳저곳을 돌아보는 일이었다. 도착하고 사흘째 되는 날, 해피스톤은 시슈트 왕이 섬을 순시할 때 동행해도 좋다는 허락을 받았다. 장 건강을 생각해서라도 몸을 움직일 필

---

* 외국 여행자가 앓는 설사병.

요가 있었다. 그들은 섬의 타로 밭을 한 바퀴 돌았다. 한
눈에도 그곳이 토암바 섬 경제의 중심이라는 것을 알 수
있었다. 약 40ha 정도 되는 마을의 대부분이 타로 밭이었
다. 한 가지 특이한 점은 각각의 밭이 정확하게 동일한 면
적으로 구획되어 있다는 것이었다. 어림짐작으로 1ha쯤
되어 보였다. 해피스톤은 노트를 꺼내 메모를 해 두었다.•
각각의 밭은 미풍에 흔들리는 멋진 갈대 울타리로 둘러싸
여 있었고, 출입문 옆에 나란히 땅에 박아 놓은 장대 위에
는 번호가 적힌 작은 깃발이 펄럭이고 있었다. 각 밭마다
1번부터 30번까지 번호가 붙어 있었다. 그러나 그중에서
타로가 경작되는 밭은 스무 개 정도뿐이었다. 해피스톤
은 사슈트 왕에게 각각의 번호에 특별한 의미가 있는지 물
었다. (부갱빌이 그의 질문을 통역했다.)

   사슈트 왕이 간략하게 대답했다. "밭에 붙은 번호는 생
산량의 순서입니다."

   "오름 순인가요, 내림 순인가요?" 흥미가 발동한 해피
스톤의 질문이 이어졌다.

   "내림 순이오. 우리는 보통의 남자 한 명이 조상 대대로
물려받은 기초적인 생산 기술로 일주일간 일했을 때 각각

• 독자 여러분들도 메모를 하면서 읽어 보세요. 낙서도 좋습니다.

의 밭에서 얼마큼의 타로를 수확할 수 있는지 정확히 알고 있소." 사슈트 왕이 묻지도 않은 것까지 설명해 주었다.

"그래요? 정확히 얼마나 되나요?" 해피스톤이 곧바로 물었다.

"이미 말씀드리지 않았소. 밭에 따라 생산량이 모두 다르오." 사슈트 왕이 대답했다.

"잘 알겠습니다. 저 분에게 내가 잘 이해했다고 말해 줘!" 해피스톤은 부갱빌을 돌아보며 조금 짜증이 난 말투로 속삭였다. 사슈트 왕은 부갱빌의 통역을 듣지 않고 곧바로 말을 이어 나갔다.

"밭의 정확한 수확량을 계산하는 것은 어렵지 않소. 1번 밭의 수확량이 가장 많다는 것은 이해하셨지요? (해피스톤의 표정이 일그러졌다.) 그 밭에서는 농부 한 사람의 평균적인 노동으로 일주일에 6kg의 타로를 수확할 수 있소.* 2번 밭은 5.9kg 3번 밭은 5.8kg…… 이런 식으로 감소하다가 20번 밭은 4kg를 생산하지요. 이렇게 계산하면 마지막 30번 밭의 수확량은 3kg이 된다오."

"그러니까 다음 번호로 넘어갈 때마다 밭의 주간 생산량이 100g씩 감소하는군요." 해피스톤은 펜 뚜껑을 입에

---

* 해피스톤이 그 뒤에 확인한 바에 따르면, 1번 밭의 정확한 주간 수확량은 5.95kg이다. 사슈트 왕은 각 밭의 수확량을 0.05kg씩 높여 잡고 있다. 계산상의 편의를 위해 숫자를 반올림한 게 분명하다. 해피스톤이 다른 수치들을 얻기 위해 계산을 하기 전까지는 반올림한 수량이 문제될 것은 전혀 없었다. 반올림을 하지 않고 계산을 하면 수확량이 좋은 밭 20개에서 생산된 타로의 총량은 100kg이 된다. 책의 말미에 실린 표 1은 해피스톤의 노트에 적힌 기록을 토대로 수치를 재구성한 것이다.

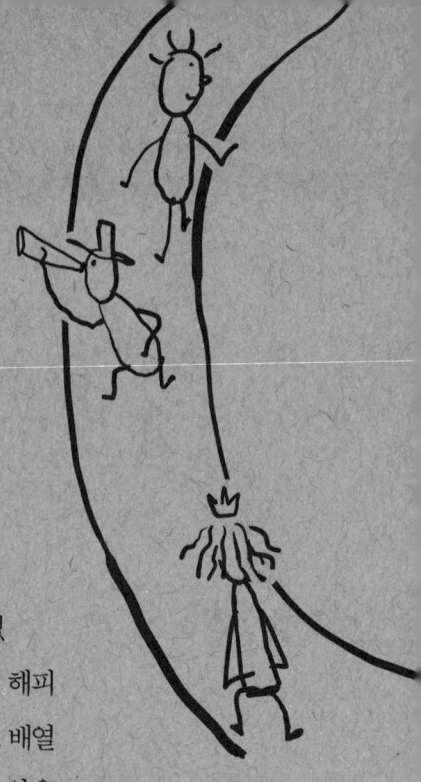

물고 노트에 메모를 하며 중얼거렸다. (부갱빌이 열
심히 그의 말을 통역했다.)

"그렇게 설명했으면 좋았겠군." 굳이 대답하
지 않아도 된다고 생각했는지 사슈트 왕이 우
물거리며 말했다. 그러고는 살짝 고개를 주억
거렸다. 긴장감과 미묘한 존경심이 섞인 표정이
었다. 해피스톤에게 협력할 준비가 돼 있지만 오
늘은 이쯤에서 마무리하는 게 좋겠다는 뜻인 것
같았다.

세 사람은 아무 말 없이 타로 밭을 구경하며 걸었
다. 낮게 쌓아 올린 흙 담장 옆으로 난 길을 걸으며 해피
스톤은 밭이 번호 순서대로 달팽이 등껍질 모양으로 배열
되어 있다는 사실을 발견했다. 1번 밭을 중심으로 원을
그리며 퍼져 나가 다음 번 밭으로 이어지는 식이었다. 바
깥에서 안쪽으로 이어진 모양이 주사위 놀이 말판 같았
다. 해피스톤은 생각했다. '가장 토질이 좋은 곳에 1번 밭
이 있고 바깥쪽으로 원을 그리며 멀어질수록 밭의 토질이
떨어지는 거야. 그래서 달팽이 모양으로 밭을 배열한 게
분명해.'

20번 밭을 지난 해피스톤은 새로운 광경을 목격했다. 지금까지 봤던 밭들과 달리 21번 이후의 밭들은 방치되어 있었다. 주름진 거대한 콩잎들 사이로 커다란 대황大黃처럼 얼굴을 내밀고 있어야 할 타로 줄기들이 보이지 않았다. 밭은 질퍽하게 젖어 있었지만 반쯤 썩은 잡초만이 드문드문 흙 담장 너머로 보일 뿐이었다.

해피스톤은 사슈트 왕과 함께 앞서 걸어가던 부갱빌을 붙잡고 물어보았다.

"여기 밭 주인이 누군지 알아?"

"카렌토크에요."

"카렌토크?"

"네, 토암바 어로 '주인'이라는 뜻이에요. 소수의 카렌토크들이 비슷한 면적의 밭을 나누어 갖고 있죠. 카렌토크 한 명당 밭이 서너 개쯤 돼요."

"땅을 가진 사람을 '주인'이라고 부르는 건 당연하겠지. 당연한 일이야." 해피스톤은 여전히 펜 뚜껑을 물고 우물거리며 알아들을 수 없게 중얼거렸다.

"여기에서 '주인'이라는 말은 밭을 직접 일구지 않는다는 뜻이에요. 노동자들은 일주일 단위로 고용되고, 일주

일 동안 키워서 수확한 타로의 일부를 주급으로 받아요. 그 나머지 타로가 카렌토크 몫이 되는 거죠." 부갱빌이 계속 설명했다.

"이를테면 자본가라고 할 수 있겠군."

"글쎄…… 그보다는 지주라는 말이 더 맞을 거예요. 카렌토크는 자본을 축적하려는 생각이 없어요. 더 큰 부자가 되고 싶은 생각도 없고, 자신의 영토를 더 넓히거나 수확량을 늘리기 위해 별다른 노력을 하지 않아요. 한마디로 아무것도 하지 않아요. 그러니 경영자로 보기는 힘들죠. 그들이 유일하게 내세울 수 있는 것은 밭을 소유하고 있다는 사실뿐이에요."

"그렇군. 그런데 카렌토크들은 어떻게 해서 땅을 갖게 된 거지?" 부갱빌의 설명을 흘려듣던 해피스톤이 질문했다.

"IMF에서 제공한 가이드북에 나와 있잖아요. 출발 전에 안 봤어요?" 부갱빌이 짓궂게 대답했다. 하지만 해피스톤의 체면이 염려됐는지 곧바로 친절하게 설명해 주었다.

"아마 지금의 카렌토크들은 구체제 당시 부의 분배 시스템에 적극적으로 공헌한 공로로 귀족 칭호를 얻게 된 사

람들의 먼 후손일 거예요. 당시 귀족들은 왕을 위해 헌신
적으로 일했어요. 그때는 공동 소유였던 밭에서 직접 일하
거나 자신의 아내와 아이들에게 일을 시켰죠. 그렇게 열심
히 왕의 곳간을 채워 주는 것으로 자신들의 귀족적인 성품
을 증명한 거죠. 왕은 그 대가로 정기적으로 성대한 잔치
를 열어 그들에게 타로가 담긴 바구니들을 하사했고요.
이런 식으로 중앙 집중화된 분배 시스템을 유지해 가던 왕
은 점차적으로 귀족들에게 권력을 이양하게 되었죠."

"그랬겠지." 해피스톤이 고개를 끄덕였다.

"네, 그렇지만 무한정 권력을 넘겨줄 수 없었던 사슈트
왕의 조상인 켈슈트 왕은 귀족들에게 밭에 대한 사적 소유
를 허용하는 대신 정치적 권력을 포기하도록 종용했지요."

"그 거래가 성사된 다음에는 귀족들이 자신의 밭에서만
일을 했으리라고 쉽게 짐작할 수 있군." 해피스톤은 확신
에 찬 어조로 말했다.

"혹은 임금을 주고 다른 사람들에게 일을 시켰거나요."

해피스톤은 부갱빌의 말에 대답하지 않고 다른 생각에
빠져 있었다.

"노동자들이 일주일에 받는 임금이 얼마야?"

"그건 잘 모르겠어요."

"사슈트 왕에게 그런 질문을 하면 실례일까?"

"실례요? 우리가 여기에 온 것부터가 실례죠." 부갱빌이 툭 내뱉었다. 그런 객관성이 통역사의 자질에 속한다고 생각하는 것 같았다. 그러고는 단호한 어조로 덧붙였다. "우리가 연구를 진행하기 위해서는 경험적 자료들이 꼭 필요할 거예요."

혼자 앞서 걷던 사슈트 왕은 부갱빌이 질문을 통역하자 혼자만의 공상에서 빠져나왔다.

"노동자 한 사람당 주급은 정확히 타로 4kg이오."

그 말을 들은 해피스톤은 바로 질문을 쏟아 냈다. "현재 경작하는 밭의 개수가 정확히 스무 개인지, 각각의 밭 하나당 일하는 노동자가 한 명인지, 노동자들이 모두 같은 임금을 받는지 물어봐 줘."

현재 경작하는 밭의 수 - 20개
밭 하나당 노동자 - 1명
노동자들의 임금 - 타로 4kg

"그렇답니다." 부갱빌이 공식적인 말투로 왕의 대답을 전했다.

"전부?"

"네, 전부요."

해피스톤은 이 모든 정보를 노트에 기록하고 펜 뚜껑을

닫았다. 더 이상 사슈트 왕을 성가시게 할 생각은 없었다. 마을에 도착할 때까지 세 사람은 마치 명상을 하듯 아무 말 없이 걷기만 했다. 마을 입구에 들어서자 동네 꼬마 녀석 몇 명이 소란스럽게 세 사람의 뒤를 따라다녔다. 아이들은 해피스톤의 사파리 복장이 우스운지 깔깔거리며 웃어댔다. '보스턴에서는 사륜 구동차가 놀림거리였는데 이곳에서는 사파리 복장이 문제군!' 해피스톤은 속으로 투덜거렸다. 그의 속마음을 알아차렸는지, 사슈트 왕은 인자한 미소를 지어 보였다.

마을에는 모두 40여 채의 가옥이 있는데 가족 구성은 대부분 아버지와 어머니, 그리고 자식으로, 태평양의 섬나라에서 이런 가족 구성은 보기 드문 것이었다. 하지만 사슈트의 집은 예외였다. 사슈트와 그의 아들들은 아내를 여럿 두었고 집들은 넓고 평평한 길을 사이에 두고 옹기종기 모여 있었다. 나무와 흙으로 벽을 쌓고 타로 잎으로 지붕을 얹은 작은 집들은 마치 바닥이 평평한 배 위에 집을 올려놓은 듯 보였다. 배의 가장자리에 해당하는 부분이 집의 테라스 역할을 했다. 그들의 집은 작은 밭으로 둘러싸여 있었고 그 밭들은 마을에서 본 타로 밭과는 비교도

안 될 만큼 관리가 잘되어 있었다. 교외에서 흔히 볼 수 있
는 텃밭처럼 생긴 그 채소밭은 채소를 통해 영양소를 보
충하려고 만든 게 분명했다. 쪽파나 파슬리, 어쩌면 대파
나 겨자, 과일나무가 자라고 있는지도 몰랐다. 닭과 돼
지 몇 마리가 그 사이를 돌아다녔다. 상당히 멋을 부려 가
꾼 곳이었다. 그에 비해 카렌토크의 집은 노동자들의 집
과 크게 다르지 않았다. 다른 점이 있다면 집 벽이 로코코
양식으로 장식되어 있고 텃밭이 조금 더 큰 정도였다. 마
을 끝에 위치한 카렌토크들이 모여 사는 곳으로 가려면
실개천을 건너야 했는데 이것이 상징적인 경계선 구실을
하고 있었다.

　사슈트 왕은 두 사람을 마을 입구까지 배웅하면서 해
가 바다 속으로 완전히 잠기는 시간에 열리는 만찬에 꼭
와 달라고 간곡히 부탁했다. 해안가 숲 근처에 있는 그들
의 숙소에서 만찬이 열리는 곳까지는 3백 미터도 채 되지
않는 거리였다.

　해피스톤과 부갱빌은 늦은 오후의 한가로운 시간에 숙
소를 좀 더 편안하게 꾸미는 일에 착수했다. 특히 잠자리
에 신경을 썼다. 모기장으로 완벽하게 차단된 그럴싸한

캠핑용 침대가 완성되자 두 사람은 낮잠을 자기로 했다. 그러나 잠이 오지 않았다.

해피스톤은 오전에 수집한 단편적인 정보들을 머릿속에서 이리저리 맞추어 보았다. 궁금증이 생겨났다. 사실 노트에 메모를 하는 내내 머릿속을 떠나지 않던 의문이었다. 부갱빌에게 물어보는 수밖에.

"부갱빌, 신기하지 않아? 사슈트 왕은 분명 노동자 한 명이 매주 타로 4kg을 임금으로 받는다고 했잖아. 그리고 현재 경작 중인 밭이 총 20개라고 했지?"

"네, 맞아요. 제가 잘못 들은 게 아니라면. 노트에 적어 놓은 걸 보면 되잖아요. 그런데 뭐가 신기하다는 거죠?"

"뭐가 신기하냐면, 노동자들이 받는 임금이(경작 중인 밭 중에서) 생산성이 가장 낮은 밭의 수확량과 일치한다는 거야. 단지 우연의 일치일까?"

"그렇죠, 우연의 일치일 거예요. 신기할 건 하나도 없어요. 나머지 밭 열아홉 개의 생산량이 4kg이 아니라는 게 그 증거예요. 정확히 말하면 모두 4kg 이상이잖아요." 부갱빌은 당황하는 기색 없이 대답했다.

"그렇지……." 해피스톤은 대답을 얼버무렸다. "하지

만 이 우연의 일치에는 분명 이유가 있을 거야. 어떤 이유
로 노동자의 주급이 4kg이 되었는데 우리는 그 이유를 모
르는 거지."

"그럴 수도 있죠. 하지만 어쨌거나 임금은 4kg이에요."
부갱빌이 끼어들었다.

"그러니까 생각을 해보자는 거야." 해피스톤이 짜증 섞
인 말투로 맞받아쳤다. "우연이 아니라고 가정을 해보면
왜 스무 개의 밭만 경작하는지 쉽게 설명할 수 있어. 내 생
각에는 이윤이 남지 않는 땅은 경작하지 않는 거야. 임금
이 타로 4kg이라면, 수확량이 4kg 이상인 밭의 주인들은
노동자에게 임금을 주고도 얼마간의 이윤을 남길 수 있
어. 그러니까 타로 4kg 이상을 생산하지 못하는 밭은 경
작하려 하지 않을 거고, 그럼 현재 경작 중인 밭이 스무 개
인(혹은 스무 개보다 적지 않은) 이유가 설명되지."

"맬서스*와 리카도**를 너무 많이 읽었군요." 부갱빌이
응수했다. 해피스톤이 설명하는 동안 잠이 들지는 않았
던 모양이다. "하지만 그 말이 사실이라면 20번 밭은요?
경작을 해봐야 이윤이 거의 없잖아요? 한 주 동안 수확한
양이 4.05kg인데 노동자에게 임금으로 4kg을 줘야 하잖

---

* Thomas Robert Malthus(1766~1834): 영국의 고전파 경제학자 중 한 사람이
  다. 저서 《인구론》에서 빈곤과 악덕의 원인은 과잉 인구이며, 이는 사회 제도의 변
  혁으로 해결할 수 없는 자연 법칙의 결과라고 주장했다.
** David Ricardo(1772~1823): 영국의 경제학자. 고전학파의 창시자인 스미스 이
  론을 계승·발전시킨 고전학파의 완성자이다. 노동가치설에서 출발, 분배론에 이
  르는 이론을 《경제학 및 과세의 원리》에 저술하였다. 차액지대론, 임금생존비설을
  제창하였다.

아요?"

해피스톤은 당황하지 않고 대답했다. "카렌토크들이 계산적인 사람들이라면 방금 말한 대로 그 이윤이 보잘 것 없다고 생각했겠지. 하지만 그들은 액수에 연연하지 않는 것 같아. 이윤이 생겼다는 것 자체에 의의를 두는 거지. 그러니까 '보잘 것 없는' 이윤이라는 개념 자체가 존재하지 않는 거야."

"아무리 경제학자라고 해도 가정이 너무 많은 것 아닌가요?" 부갱빌이 혼자 중얼거리듯 해피스톤에게 대꾸했다. "이따 만찬 때 샤슈트 왕에게 그 가정들이 맞는지 확인해 보면 되겠군요."

"안 그래도 그럴 생각이야." 해피스톤이 대답했다. "하지만 그전에 이곳 타로 농업 경제에 대해 이야기를 좀 더 해보자고. 아까 샤슈트 왕의 말대로 계산을 해보면 일주일 동안 각 밭에서 수확하는 타로의 전체 생산량은 100kg이야. 이를테면 토암바 섬의 GDP(국내 총생산)인 셈이지. 그리고 노동자 한 사람당 임금이 4kg이고 전체 노동자는 20명이니까 총 임금은 타로 80kg이 되지. 밭 주인들의 몫은 전체 생산량에서 총 임금을 뺀 20kg이고. 대신 모든 노

토암바의 GDP → 타로 100kg
총 임금 → 타로 80kg
밭 주인 몫 → 20kg

동자들이 동일한 임금을 받기 때문에 각 밭의 이윤은 차이가 날 거야. 1번 밭의 이윤은 1.95kg, 2번 밭은 1.85kg, 3번 밭은 1.75kg, 이런 식으로 이윤이 감소하다가 마지막 20번 밭의 이윤은 0.05kg이 되겠지."

가만히 듣고 있던 부갱빌이 이어서 말했다. "그 말 대로라면, 20개의 밭을 다섯 명의 주인이 소유하고 있으니까 카렌토크 한 명당 평균 이윤은 타로 4kg이 되겠군요."

"결국 카렌토크 한 사람이 얻는 이윤은 노동자 한 사람이 받는 임금과 비슷하군."

"양으로만 보면 그렇지만, 그들은 전혀 일하지 않고 그만큼의 타로를 얻잖아요. 그렇게 보면 형편이 썩 나쁜 건 아니죠." 부갱빌이 지적했다.

"그럼 밭을 경작하지 않는 다른 카렌토크들은 어떻게 되는 거야?" 해피스톤이 고개를 갸웃거리며 말했다. "토암바 섬에 카렌토크가 열 명이 있다고 들었는데……. 그중 다섯 명만 타로 경작으로 이윤을 얻는다면 나머지 다섯 명은 어떻게 살고 있지?"

"사슈트 왕에게 들었는데, 그 사람들의 부인들이 하루 종일 집 근처 텃밭에서 일을 한대요. 카렌토크들도 밭에

버려진 타로들을 줍고요. 자신들의 처지를 부끄러워하며
산다더군요."

"그렇군." 해피스톤이 말했다. "하지만 그들이 왜 그렇
게 됐는지는 전혀 모르고 있어. 처음에 내가 한 가정이 옳
다면 말이지."

"곧 알게 되겠죠." 부갱빌은 졸음에 가득한 목소리로 대
답했다.

그러나 사슈트 왕과의 만찬에서 그들은 궁금했던 모든
것들을 다 해결할 수 없었다. 사슈트 왕은 마치 그들에게
신비감을 주려는 듯 행동했다. 그러나 사실 그는 피그미
족을 방문한 민속학자처럼 구는 두 사람의 질문에 일일이
대답하기가 싫었던 것이다. 그가 두 사람을 초대한 이유
는 따로 있었다. 두 사람이 수행해야 할 임무를 다시 한
번 명확하게 짚고 넘어가기 위해서였다. 다시 말해, 그들
이 경제 문제(사슈트 왕은 '토암바 인들의 문제'라고 거창하게
말했다)를 해결하기 위해 와 있다는 사실을 재차 확인함
으로써 그들이 누구를 위해 일하고 있는지를 각인시키기
위함이었다.

만찬은 성대했다. 사슈트 왕은 자신의 부인 셋과 나이

가 찬 자식 몇 명을 데리고 나타났다. 비행장 환영식에 데
리고 나왔던 아들 사토암과 카두크, 큰 딸 칼도크를 소
개했다. 카두크는 천사 같은 얼굴에 영리한 눈빛을 가진
청년이었고 칼도크는 다소 어둡지만 사려 깊은 분위기를
풍기는 아름다운 여성이었다. 겉으로 보이는 지적인 분위
기 이면에 더 큰 매력이 숨어 있을 것만 같았다. 해피스톤
에게 프랑스 인류학자들 특유의 철저한 직업의식 같은 게
있었다면 감동 받은 표정을 감출 수 있었을 것이다. 그러
나 젊은 여성의 등장에 긴장한 나머지 그의 양 볼은 발갛
게 달아오르고 말았다.

　야자유를 두른 타로가 곁들어진 구운 닭 날개 요리가
나오자 본격적인 대화가 시작됐다. 사실 대화라기보다는
사슈트 왕 혼자 떠드는 자리였다.

　사슈트 왕이 인자한 어조로 말했다. "우리에게 문제가
되는 것은 단 한 가지뿐이오. 토암바 인들은 삶의 의욕을
잃었소. 왜 우리가 그토록 우울해졌는지, 우리는 이미 오
래전부터 문제의 원인을 알고 있었소. 어떻게 설명해야 할
까…… 간단하게 말해서, 토암바 인들은 타로 생산자 혹
은 소비자로서 자신의 삶에 만족하지 못하는 것이오. 그

들은 타로 농사가 삶의 전부는 아니라며 점점 노골적으로 불만을 표시하고 있소."

해피스톤이 끼어들었다. "가벼운 우울증 정도겠죠. 그 자체가 심각한 문제는 아니라고 봅니다. 아마도 토암바 인들은 다양한 소비를 하고 싶은 게 아닐까요? 그럼 즐거움의 원천도 다양해질 테니까요."

사슈트 왕은 자신의 말 중간에 끼어든 해피스톤에게 고마워하는 것 같았다.

"나도 비슷한 생각을 하고 있소. 물론 토암바 인들이 조상 대대로 이어온 이 생활 방식에 싫증을 느끼게 된 이유를 완전히 납득할 수는 없지만, 그들이 뭔가 새로운 것을 원한다는 것만은 분명해 보인단 말이오.

흠…… 나는 매일 타로 밭에서 일을 마치고 어깨가 축 쳐져 귀가하는 사람들에게서 점점 쌓여 가는 피로감을 볼 수 있소. 그런데 이상하게도 자신의 텃밭을 가꿀 때는 열심히 일을 한단 말이지. 그리고 위험을 무릅쓰고 물고기를 잡으러 바다로 나가는 일이 잦아지고 있소. 어부들을 보호하는 신령들을 부르지도 않고 말이오. 매주 밭에서 일하고 받는 타로 외에 자두, 생선, 기름, 작은 짐승 등을 얻기 위해 그런 일을 한다는 것을 이해할 수는 있지만 뭔가 근본적인 해결책이 필요하오. 그것이 바로 여러분들이 이곳까지 오게 된 이유요."

해피스톤은 자신에게 내려진 임무를 명확히 이해하고 있다는 의미로 예의를 갖춰 고개를 주억거렸지만 말을 덧붙이지는 않았다.

다소 지친 표정으로 사슈트 왕이 말을 이었다. "나는 이만 물러가겠소. 초대에 응해 주어 감사하오. 모든 일은 내 아들 카두크에게 일임했으니 자세한 일은 카두크와 상의하면 될 것이오. 언젠가는, 어쩌면 멀지 않은 미래에 내 뒤를 이을 아들놈이오."

해피스톤과 부갱빌은 사슈트 왕과 작별 인사를 하고 카두크와 대화를 나눴다. 카두크는 기다렸다는 듯 자신의 재능을 마음껏 발산했다. 경제학 분야에 대한 자신의 박식함을 알아 줄 사람이 드문 이곳에서 미래에 왕위를 물려받을 왕자는 방문자들이 감탄하는 모습을 보고 싶었을 것이다.

카두크와의 대화를 통해 해피스톤은 경작되는 타로 밭 개수에 대한 자신의 가정이 옳았음을 알게 됐다. 해피스톤이 격의 없이 말문을 열었다. "우연의 일치를 한 가지 발견했는데 그 원인을 생각 중입니다. 현재 토암바에서 경작 중인 밭은 모두 20개이고 마지막 20번 밭의 생산량은 4kg(정확히는 4.05kg)이지요. 마지막 밭의 생산량은 노동자가 일주일 동안 일하고 받는 임금과 일치합니다. 저는 이게 단지 우연의 일치가 아닐 거라고 생각했습니다."

"정확히 보셨습니다." 해피스톤에게 용기를 주려는 듯 인자함이 섞인 부드러운 어투로 카두크가 대답했다. "우연의 일치가 아닙니다. 카렌토크들은 타로 밭을 폼으로 경작하는 게 아닙니다. 그만큼 얻는 게 있어서죠. 주당 임금이 4kg일 때 수확량이 4kg 이하인 밭을 경작하는 건 의미가 없다고 지적하신 것은 정확합니다. 카렌토크의 입장에서 보면 생산비인 노동자 임금보다 조금이라도 더 타로를 더 생산할 수 있는 20번 밭까지 경작하고 21번 밭부터는 경작을 하지 않는 겁니다."

"제가 추측한 대로군요." 해피스톤은 건성으로 대답했다. 왠지 카두크를 너무 추켜세워 주고 싶지 않았다. "그런데 작은 문제 하나를 이해할 수가 없어요. 어떻게 해서 임금이 4kg으로 정해졌나요?"

"작은 문제가 아닙니다. 이곳 경제 시스템을 이해하고 싶다면 반드시 하셔야 할 질문입니다. 이 질문이 당신이 말한 우연의 일치를 넘어서는 문제라는 점을 말씀드리고 싶군요. 우연의 일치에 대한 당신의 질문은 답을 찾은 셈입니다."

'절대 만만하게 봐서는 안 되겠는걸. 내 인내심을 시험하려 들잖아.' 해피스톤은 속으로 생각했다.

"물론 그럴 수도 있겠지만 그게 그렇게 중요한 문제인가요?" 해피스톤은 대화의 주도권을 되찾으려고 애썼다.

"이미 말씀드렸지만 가장 중요한 문제 중 하나입니다."

"분명 그 질문에 대한 대답을 알고 계실 텐데, 왜 대답을 안 하고 말을 돌리십니까?" 해피스톤이 짜증을 숨기지 못하고 다그쳤다.

"그 답은…… 내일 직접 확인하실 수 있을 겁니다." 카두크는 무뚝뚝하게 잘라 말했다.

해피스톤은 선언하듯 내뱉는 카두크의 말투와 본심을 숨기는 그의 태도에 다소 불쾌해졌다. 내일 보게 될 거라고? 그게 무엇이기에 이토록 말을 아끼는 것일까? 해피스톤은 대화에 흥미를 잃었다.

"내일이요?" 해피스톤의 표정이 딱하게 일그러졌다.

"네. 내일 아침 해가 뜨는 시간에 타로 밭 근처 주민 회
관 뒤편으로 오세요. 그곳에서 매주 한 번씩 발라 의식이
열립니다. 일단 와서 보시면 모든 게 분명해질 겁니다. 오
실 때 잊지 말고 따뜻한 담요를 가져 오세요. 새벽이라 쌀
쌀하거든요. 아무리 추워도 발라 의식이 있는 날은 술을
마실 수 없기 때문에 타로 술로 몸을 덥힐 수 없어요."

해피스톤은 내일까지 기다리는 수밖에 없음을 깨달았
다. 카두크는 오늘 밤 발라 의식을 둘러싼 미스터리를 마
음껏 상상해 보라는 듯 눈썹을 살짝 치켜 올렸고, 칼도크
가 테이블을 치우기 시작했다. 그렇게 만찬은 끝이 났다.

Martin Ramby

발라 의식

이튿날 아침 예정대로 발라 의식이 거행됐다. 새벽안개 속
에서 분홍빛으로 물든 태양이 마을 광장에 우뚝 선 망고
나무의 Y자 모양으로 뻗은 가지 사이로 고개를 들이밀기
시작했을 때, 모든 준비는 끝나 있었다. 오른쪽 가지 아
래는 카렌토크들이, 왼쪽 가지 밑 모래밭에는 노동자들이
열병식을 하듯 줄을 맞춰 서 있었다.

　해피스톤은 그 순간이 주는 낯선 느낌은 제쳐 두고 오
른쪽 가지 아래 카렌토크가 10명, 맞은편에 노동자들이
30명 쯤 된다는 사실에만 관심이 생겼다. 그는 칼도크가
그 자리에 없음을 깨달았지만 노트에 적지는 않았다. 해
피스톤 곁에 바짝 붙어 있던 부갱빌은 몸을 감싸기 위해

가져온 담요를 들고 가로와 세로를 찾는 데만 정신이 팔려 있었다.

망고나무의 Y자 가지가 갈라지는 지점에는 사슈트 왕의 큰 아들 사토암이 의식을 집행하기 위해 촛대처럼 꼿꼿하게 서 있었다. 그는 주민 회관을 등지고 광장에 모인 주민들을 향해 서 있었다. 사슈트 왕은 조금 떨어진 곳에서 아들을 걱정스러운 눈빛으로 바라보고 있었다. 주변은 북소리나 피리 소리는커녕 종교적이라 할 만한 침묵이 감돌고 있었다. 의식이 시작되자 분위기는 완전히 돌변했다. 사토암이 양팔을 사방으로 격렬하게 휘젓기 시작했다. 마치 코메디아 델 아르테* 배우처럼 잔뜩 멋을 부린 몸짓이었다. 그러다 팔다리에 연결된 실이 엉켜 버린 피노키오 인형처럼 동작을 멈추고 손가락 세 개를 쫙 폈다. 의식에 참석한 토암바 인들은 흥분한 몸짓으로 이에 응답하였다. 그들은 양다리를 땅에 단단히 딛고 시합 전 마오리족의 민속춤인 하카를 추는 뉴질랜드 럭비 국가 대표팀 올블랙스 선수들 같은 몸짓을 했다.

"저 사람들이 지금 뭘 하는 거야? 자네는 알아?" 해피스톤이 부갱빌을 향해 소리쳐 물었다.

* 16~17세기 이탈리아 전통 희극.

담요가 흘러내리지 않도록 하는 데 정신이 팔려 부갱빌은 그 장면을 놓쳤지만 이미 다 알고 있다는 표정을 지으며 대답했다.

"별것 아니에요. 사토암은 숫자를 제시하는 것 같아요. 6 아니면 5.9인 것 같은데, 5.9가 맞을 거예요. 손가락 세 개를 쭉 뻗은 건 6을 의미해요. 팔꿈치 부분이 땅과 수직이 된 건 10을 뜻하는데 왼손이 주민회관을 향하고 있으니까 10은 10분의 1을 의미해요. 사토암의 다리 자세는 뺄셈을 해야 된다고 말하고 있어요. 그러니까 6 빼기 10분의 1 하면 5.9가 되는 거죠."

"자세히 설명해 줘서 고마워, 부갱빌. 그런데 5.9는 뭐지?" 완전히 잠이 깬 해피스톤이 곧바로 질문을 던졌다.

"임금과 관계가 있어요. 사토암이 저들에게 임금을 제시하는 거예요. 5.9는 주급으로 타로 5.9kg을 주겠다는 의미일 거예요. 저 사람들은 분명 임금을 결정하기 위해 모인 것 같아요."

"참 별난 방식도 다 있군. 그런데 저 동작이 5.9라는 건 확실한 거야?" 해피스톤은 다소 짜증난 목소리로 물었다.

"아마 맞을 거예요. 장담할 수는 없지만." 추위 때문에 머리가 굳어 버린 부갱빌이 웅얼거리는 소리로 대답했다.

그사이 양편으로 줄지어 서 있던 토암바 인들이 들썩였다. 사토암의 팬터마임을 격려하려는 듯 팔을 치켜드는 사람들이 보였다. 카렌토크 쪽에서는 가련하게도 한 사람만이 마지못한 듯 팔을(정확히 말하자면 손가락 하나를) 들어올렸고 노동자 쪽에서는 거의 모든 사람들이 팔을 치켜들었다. 손가락 하나만 든 카렌토크 쪽과 서른 명 가까이 팔을 치켜든 노동자 쪽이 극명한 대조를 이루고 있었다.

"제 말이 맞았어요. 사토암이 제안한 임금은 타로 5.9kg이고 토암바 인들은 제시된 임금에 대해 자신의 의사를 밝히고 있는 거예요. 카렌토크들 중에서는 그 조건으로 노동자를 고용하겠다는 사람이 한 명이고, 노동자들은 모두가 일을 하겠다고 나선 거죠." 이제 완전히 잠에서 깬 부갱빌이 자신감에 차서 속삭였다.

해피스톤은 자신의 박사 논문이 통과된 날만큼이나 흥분을 느꼈다.

"그러니까 양쪽에서 손을 든 사람들이 사토암이 제안한 임금에 대한 노동의 공급과 수요에 해당된다는 거야?"

해피스톤은 왜 토암바 섬에 갔을까?

해피스톤이 물었다.

"그런 것 같아요. 이보다 더 그럴듯한 가정이 없다는 가정 아래에서요." 부갱빌이 학자연하는 말투로 대답했다. 그는 잘못하면 해피스톤의 신경을 건드릴 수도 있다는 사실을 잘 알고 있었다.

"그렇다면 내 노트에 기록을 좀 해주겠어? 임금 5.9kg에 대해 노동 수요는 한 명, 노동 공급은 30명." 해피스톤이 무뚝뚝한 어투로 역할 분담을 제안하고는 사람들의 숫자를 세기 시작했다.

"상당히 불균형적이군요." 부갱빌이 불쑥 끼어들며 지적했다.

"그래, 하지만 당연한 거야. 자네의 가정이 정확하다면 제시된 임금 5.9kg을 지불하고 자신의 밭을 경작할 수 있는 주인은 한 명밖에 없다는 결론이 나와. 타로 5.95kg을 생산하는 1번 밭 주인." 다시 활기를 되찾은 해피스톤이 대답했다.

"노동자 한 명의 도움을 받아서 생산하는 거죠." 부갱빌이 슬쩍 덧붙였다.

"맞아, 노동자 한 명의 도움으로. 하지만 노동자 측에서는 훨씬 많은 이들이 노동을 공급하겠다고 나서고 있지." 해피스톤은 부갱빌의 말에 맞장구를 치며 말했다.

"훨씬 많은 정도가 아니라 나뭇가지 왼쪽에 있던 사람들은 죄다 손을 들었어요."

"타로를 좋아하지 않는 사람으로서는 도무지 이해하기 힘든 장면이군. 어쨌거나 카렌토크의 밭에서 일하고 받는 저 정도의 임금에 모든 사람들이 손을 들었다는 것은 이 보다 더 좋은 조건이 없다는 뜻이겠지."

"그 사람들 입장에서는 그렇겠죠!" 부갱빌은 다소 무례한 말투로 이죽거렸다.

"오해하지 말게. 그렇게 이해할 수 있다는 거니까. 매사추세츠 공과대학에서 일하는 번역자들이 받는 임금과는 비교도 안 되겠지만. 각각의 사회는 자신의 생존 조건을 바탕으로 욕망을 생산하지." 해피스톤이 훈계하듯 덧붙였다.

"방금 그 말도 적을까요?" 부갱빌이 비죽거리며 물었다.

그러나 해피스톤이 대답할 틈도 없이 다시 의식이 시작되었다. 사토암이 사지를 사방팔방으로 흔들어 대기 시작하자 노동의 수요자와 공급자들은 곧바로 차려 자세를 취했다. 몇 초 뒤 사토암이 정지 화면처럼 동작을 멈췄다.

"이번엔 5.6 아니, 아니 5.5인가? 정확히 모르겠어요. 소수점 이하 자리를 정확히 모르겠네요." 부갱빌이 말했다.

"5.5일 거야." 해피스톤이 부갱빌의 말허리를 잘랐다. "카렌토크 쪽에서 든 손가락 수가 다섯 개거든. 다섯 개의 밭에서 다섯 명의 노동자를 고용하겠다는 뜻이잖아. 그러면 계산이 나오지. 5번 밭의 일주일 생산량이 5.55kg이고, 1번부터 4번 밭은 5번 밭보다 생산량이 많으니까 저 정도 임금을 주고도 이윤이 남을 거야. 따라서 노동력 수요는 총 다섯 명이지."

"그렇네요. 어쨌든 오늘 저녁에 소수점 이하 숫자 표시 몸짓을 다시 확인해 봐야겠어요."

"노동자 쪽에서는 몇 명이 손을 들었어?"

"30명 전부요."

해피스톤은 추위도 잊었다. 어떤 뜨거운 것이 척추를 타고 온몸에 흐르는 것 같았다. 그 전율은 해피스톤의 몸과 마음을 환희로 덮혀 주었다. 그는 조바심이 났다. 아직 자신의 가정이 옳다고 확신할 단계는 아니었지만 어서 빨리 그 다음이 보고 싶었다.

　다음 장면도 같은 방식으로 진행됐다. 사토암이 요란한 제스처를 취하면 카렌토크들과 노동자들이 온몸으로 응답했다. 그러다 마침내 사토암은 팔과 손가락을 펼친 채 기묘한 자세에서 동작을 멈췄다. 모래밭의 사토암 그림자는 마치 앰퍼샌드& 같은 모양이었다.

　"앰퍼샌드 모양은 얼마지?" 해피스톤은 빈정거리는 투로 물었다.

　"5를 뜻해요." 부갱빌이 대답했다.

　"내 생각이 맞았어." 해피스톤은 흥분을 감추며 태연하게 말했다. "손가락을 여러 개 들어 올린 카렌토크들도 있군. 그들은 총 10명의 노동자를 고용하겠다고 나섰어. 타로 5kg이면 10번 밭 생산량에 조금 못 미치는 양이야. 임금이 내려갈수록 노동 수요가 올라가지. 임금을 내리면 수확량이 적은 밭들도 이윤을 얻을 수 있을 테니까. 놀랄 일은 아니야. 카렌토크들이 요구하는 노동자 수는 제시된 임금과 동일한 타로를 생산하는 밭의 바로 전 번호와 일치할 거야. (해피스톤은 MIT 경제학과 신입생들 앞에서 강의를 하면서 한껏 잘난 체를 하던 시절로 돌아간 기분이었다.) 만약 카렌토크 중 누가 몇 번 밭을 소유하고 있고 누가 손가락을 들어 올렸는지 정확히 알 수 있다면 내 가정이 맞는지 확인할 수 있을 텐데. 임금이 내려가면서 새로 손가락을 들어 올린 주인들이 소유한 밭은 달팽이 모양으로 배열된 밭의 번호순과 정확히 일치할 거야."

"자세한 설명 감사합니다, 교수님. 노동자들 중 손을 든 사람이 25명이라고 노트에 기록하겠습니다요." 부갱빌이 이죽거렸다.

"어느 정도 예상한 숫자야. 그래도 그렇게 딱 맞아떨어질 거라고는 생각 못했는데. 노동을 공급하는 쪽도 제시된 임금에 맞춰 똑같이 반응하고 있어. 자신의 노동을 제공하거나 혹은 자유 시간을 희생한 대가로 제공받는 타로 5kg이 충분하지 않다고 생각하는 노동자는 자기 집 텃밭을 가꾸거나 바다에서 물고기를 잡는 게 낫다고 생각하는 거야. 그럴 경우 굳이 자신의 노동을 팔지 않겠지."

해피스톤이 노동 공급 곡선의 변화를 재검토하는 동안 마을 광장에는 이유를 알 수 없는 침묵이 감돌았다. 마치 영사기가 고장 나서 영화가 멈춘 것처럼 보였다. 사토암은 더 이상 양팔을 흔들지 않았다. 그는 그 막간을 이용해서 두 손님에게 은밀히 시선을 던졌다. 엑스트라처럼 서

있는 두 사람을 슬그머니 바라보는 그의 눈빛으로는 의
중을 알 수 없었다. 다만 광장에 모인 사람들에게 질서를
종용하려는 의도로는 보이지 않았다. 그보다는 의식에 참
석한 두 손님이 흥미를 느끼는 것에 만족하는 것 같았다.

"다시 시작했다." 해피스톤이 흥분해서 말했다.

사토암은 발레를 추는 듯한 동작을 시작했다. 앞서 공
연했던 안무와 크게 다르지 않았다. 그런 식으로 같은 과
정이 여러 번 반복되었다. 제시된 임금은 주당 타로 4.1kg
까지 떨어졌다. 해피스톤은 이제 제시된 임금이 얼마인지
물어보지 않았다. 사토암이 0.1kg씩 줄여 나간다는 것을
깨달았기 때문이다.

갈수록 분위기가 고조되었다. 카렌토크들과 노동자들
은 점점 더 의식에 집중하며 과장된 제스처로 화답했다.
사토암은 두 손님이 스스로 의식을 이해하도록 내버려 두
었다. 제시된 임금이 4.1kg이 되자 카렌토크 쪽에서 들어
올린 손가락은 19개였고 노동자 쪽은 21명이 손을 들었
다. 양쪽은 곧 합의에 도달할 것이었다. 종교적이라 할 만
한 침묵이 광장 전체를 뒤덮었다. 마치 결정적인 순간에
북소리가 울려 퍼지듯 긴장되는 순간이었다.

마지막 의식은 더욱 고조된 분위기 속에서 진행됐다. 사토암은 마치 느린 영상을 보여 주듯 천천히 몸을 움직였다. 최종 순간으로 다가갈수록 발레를 추는 듯한 그의 동작은 점점 더 느려졌다. 그리고 마침내 몸짓을 멈췄다.

"4kg이에요! 확실해요. 팔꿈치 부분이 땅과 수직을 이루고 있어요. 손가락 세 개를 쭉 뻗었는데 사토암의 다리 자세를 보니 빼기를 해야 하고요. 그러니까 10 빼기 6, 4kg이 맞아요." 부갱빌이 흥분해서 소리쳤다.

"설명 고마워." 해피스톤이 빈정거렸다. "중요한 건 그게 아냐. 지금 우리 눈앞에서 펼쳐진 이 경이로운 장면을 이해 못하겠어? 카렌토크들이 들어 올린 손가락 수가 20개, 노동자 쪽에서 팔을 들어 올린 사람 수가 20명이라고! 5명의 카렌토크가 20명의 노동자를 고용하겠다고 나섰고, 타로 밭에서 일하겠다고 나선 노동자 수도 딱 그만큼인 거지. 제시된 임금이 4.1kg일 때만 해도 수요와 공급이 정확히 일치하지는 않았거든. 그래서 사토암은 임금을 100g 낮춰서 20번 밭까지 경작할 수 있도록 한 거야. 다시 말해 주당 생산량(4.05kg)이 주급 4kg을 조금 넘는 밭까지 생산할 수 있게 된 거지."

"대신 노동자 한 명이 떨어져 나갔고요." 부갱빌은 무슨 말인지 잘 알겠다는 표정으로 말허리를 잘랐다.

광장 전체에 무거운 침묵이 감돌았다. 모두들 정지 화면처럼 멈춰 있었다.

"이제 사토암은 어떻게 할까요?" 부갱빌이 속삭이며 물었다.

"다 끝났잖아, 사토암이 뭘 더 할 수 있겠어?" 해피스톤은 확신에 차서 대답하고는 황당하다는 표정으로 되물었다.

"임금을 더 내릴 수도 있잖아요."

해피스톤은 부갱빌이 농담을 하고 있다고 생각했지만 부갱빌의 표정은 매우 진지했다.

"모든 게 해결됐는데 뭣 하러 임금을 더 내리겠어?"

해피스톤은 인내심을 발휘해야 한다고 느꼈다. 그리고 자신이 파악한 발라 의식의 의의를 부갱빌과 공유하고 싶다면 참고 가르치는 수밖에 없다고 생각했다.

"만약 사토암이 여기서 임금을 100g 내린다고 생각해 봐. 그럼 새로운 밭이 경작될 수 있겠지만 일하기를 거부하는 노동자가 한 명 더 늘어날 것 아냐. 그럼 다시 노동

의 수요와 공급이 불일치되겠지. 물론 이제부터는 수요가
더 많아질 테고 말이야."

"그래서요?" 부갱빌이 순진한 표정으로 되물었다.

"그래서라니? 뭐가 그래서야? 사토암이 그런 상황을 원
할 것 같아?" 해피스톤이 폭발했다.

부갱빌이 미처 대답할 새 없이 광장은 갑자기 소란스러
워졌다. 눈 깜짝할 사이에 광장은 축제 분위기에 휩싸였
다. 춤과 노래와 고함 소리 사이로 귀가 찢어질 듯한 피리
소리와 우레 같은 북소리가 뒤섞였다. 우리가 아는 축제
와는 아주 많이 달랐다. 굳이 표현하자면 양키 구장에서
홈팀이 이겼을 때 기쁨에 겨워 법석을 떠는 야구팬들 같았
다. 5분 넘게 이런 소동이 지속됐다. 그리고 사람들은 뿔
뿔이 흩어졌다. 양쪽이 합의에 도달한 모양이었다. 순식
간에 사람들은 광장을 빠져나갔고 주변은 조용해졌다.

여기서 가장 이해가 안 되는 점은 의식을 주관했던 사
토암이나 뒤에 서서 의식을 지켜봤던 사슈트 왕 둘 다 초
대 손님들을 거들떠보지도 않았다는 것이다. 마지막까지
해피스톤과 부갱빌이 맡은 역할은 참관인이라는 사실을
상기시키려는 듯 했다. 의식을 보여 줬으니 됐지 않은가,

당신들 의견 따위는 필요 없다, 당신들은 손님일 뿐이라고 말하는 듯했다.

광장을 나서는 해피스톤과 부갱빌은 마치 극장을 나가면서 감정 표현을 자제하는 관객 같았다. 하지만 결국 해피스톤은 감정을 들키고 말았다. 눈물을 참기 위해 눈을 깜박거리던 해피스톤은 울음 섞인 목소리로 말했다.

"부갱빌, 알고 있는 거야? 우리는 지금 놀라운 광경을 목격했어. 우리 눈앞에서 노동 시장이 수요와 공급의 일치를 이뤘다고!"

"네, 저도 알아요." 부갱빌이 협조적인 말투로 대답했다.

부갱빌은 달리 할 말이 없었다. 아직 아침도 먹지 못한데다가 멜라네시아 섬들의 온갖 희한한 의식들(결혼 예식, 월경 축제, 카누 건조를 위한 의식, 전쟁 퍼레이드, 쿨라kula 교환의식에서 발견되는 경쟁적 증여 등)을 많이 보아온 그로서는 발라 의식이 특별하지 않았다. 배를 타며 화려한 부를 마음껏 뽐내는 다른 의식들에 비해 발라 의식은 평범하기 그지없었다.

모래밭을 걸어 해변에서 멀지 않은 숙소로 돌아가는 길에 해피스톤은 다시 입을 열었다.

수요와 공급이 일치되는 놀라운 광경이라고…

"부갱빌, 어쩌면 우리는 발라가 말한 시장이 실제로 작
동되는 광경을 직접 목격한 몇 안 되는 서구인인지도 몰
라! 오늘 아침 우리는 노동 시장에서 수요와 공급의 일치
가 실현되는 현장에 있었다고! 잘 조직된 시장의 이상형에
가깝다고 할 수 있을 정도로 경이롭고 흥미로운 일치였
어. 발라 의식을 통해 완전 고용이 가능한 임금 수준을 결
정한 거지. (해피스톤은 두 번이나 왈칵 울음을 터뜨렸고 간
신히 호흡을 고르며 흥분을 가라앉혔다.) 주당 임금을 타로
4kg으로 결정함으로써 카렌토크가 고용하고자 하는 노
동자 수와 그 임금을 받고 일하기를 희망하는 노동자 수
가 정확하게 일치한 거야. 정말 경이롭지 않아? 결정된 임
금에 동의하지 않는 사람들은 자신의 텃밭을 일구거나 물
고기를 잡으면 그만이지. 그도 아니면 해먹에서 기분이 좋
아지는 풀을 씹으며 시간을 보내거나. 그리고 카렌토크
들은 주당 수확량이 4kg 이하인 타로 밭을 놀리면 그만
이고 말이야. 임금이 4kg일 때 이윤을 얻으려면 수확량이
그보다는 많아야 하니까."

해피스톤은 길가의 나무 그루터기에 걸터앉았다. 그리
고 케네디 공항에서 마지막 식사를 마치고 챙겼던 티슈의

귀퉁이로 눈물을 훔쳤다.

"드디어 우리가 처음부터 궁금해 하던 문제의 답을 얻은 거야. 토암바 인들의 임금이 왜 4kg일까라는 의문 말이야. 노동 시장에서 수요와 공급을 일치시킬 수 있는 가격이기 때문이야. 드디어 답을 찾게 됐다고, 부갱빌." 해피스톤은 숨이 넘어가는 목소리로 말했다.

"우리는 항상 답이 있는 질문을 던져요. 결국 모든 의문은 풀리게 되어 있죠." 부갱빌이 대답했다. (부갱빌의 관심은 온통 아침 식사였다.)

해피스톤은 부갱빌이 계속 부루퉁해 있는 걸 전혀 눈치채지 못했다.

"우리는 경제학 교과서 속 원칙들을 현실에서 직접 목격하는 영광을 누린 거야. 토암바 인들은 경제학과 신입생이 배우는 미시경제학 교과서 속에서 살고 있는 거나 마찬가지야. 각 장 끝에 나오는 응용문제 속에 직접 들어와 있는 셈이지. 발라의 시장이 도대체 어떤 것일까 궁금해 하던 학생들의 얼굴이 눈에 선하군." 해피스톤은 부드러운 아침 햇살 속에서 신선한 새벽 공기를 마시며 자신이 경험했던 그 의식의 경이로움에 완전히 취해 있었다.

"그래요? 교수님이 보시는 경제학 책에는 발라 의식에
대해서도 나와 있나 보죠?" 부갱빌은 뱃속의 꼬르륵거리
는 소리도 잊고 해피스톤에게 물었다.

"오직 그 얘기뿐이지. 오로지 그 얘기뿐이라고!" 해피스
톤은 점점 더 거드름을 피우며 말했다.

"그래요?" 부갱빌은 다소 의아하다는 표정으로 같은
말만 반복했다.

"이렇게 잘 조직된 시장을 보고 놀라지 않을 사람은 없
을 거야. 생각해 봐. 이곳에서는 노동의 한계 생산성(4kg.
경작되는 밭 중에서 가장 생산성이 낮은 밭의 수확량)*과 여가
의 한계 효용(4kg. 발라 의식에서 가장 마지막에 노동 공급을
포기한 사람은 이 가격이라면 자유롭게 시간을 보내는 편이 더
이익이라고 생각하는 것이다)이 정확히 일치하는 지점에서
노동의 실질 가격이 형성되는 거야. 또한 노동자들에게 지
불되는 총 임금(타로 80kg)은 카렌토크들이 20개의 밭을
경작하면서 기대하는 총 이윤(타로 20kg)**을 정확하게 보
장해 주지. 수입과 지출의 순환이 한 바퀴로 완성되는 셈
이야. 사실 이런 현물 교환 체계에서는 노동과 그 생산물
이 교환되는 경우는 거의 없어. 생산된 타로 100kg 중 임

---

* 정확히는 4.05kg.

** 가장 수확량이 적은 밭(20번 밭)의 경우 이윤은 0.05kg. 19번 밭(주당 수확량
  4.15kg)의 경우는 0.15kg. 18번 밭은 0.25kg……, 이런 식으로 수확량이 가장
  많은 밭(달팽이 모양 배열의 맨 안쪽 밭)은 이윤이 1.95kg이 된다. 이 각각의 이
  윤을 모두 합하면 총 20kg이 된다.

금에 해당하는 80kg의 타로를 노동자에게 주고 남은 20kg의 타로는 곧바로 카렌토크의 이윤으로 실현되는 이러한 사이클은 우리가 대학에서 가르치는 이론과 정확히 일치해. 그리고 우리는 그걸 현실에서 본 거라고.”

“그런 걸 이론이라고 할 수 있나요? 생산물들이 결국 모두 분배된다는 사실이 그렇게까지 감탄할 일인가요?” 부갱빌은 다소 불만스러운 표정으로 물었다.

해피스톤은 부갱빌의 태도에 개의치 않고 말을 이었다. “그 이상의 의미가 있어. 생산되는 모든 것은 반드시 팔린다는 거고 이건 곧 생산물의 판로를 고민하지 않아도 된다는 뜻이지. 왜냐하면 이곳에서는 모든 생산물이 직접 판매되거나 분배되니까. 즉, 노동자에게는 노동에 대한 대가로, 카렌토크들에게는 이윤의 형태로 분배되지. 이게 바로 장-바티스트 세가 만든 법칙(Say's law)*이야. 이곳 토암바 섬에서는 세의 법칙이 그대로 적용돼. 전체 생산의 관점에서 봤을 때 공급이 스스로 수요를 창출한다고 할 수 있어. 타로 생산에서 얻은 현물 수입(임금과 이윤)이 곧바로 생산물의 구입에 지출되니까 말이야.”

“그런데 어차피 같은 말 아니에요? 수입이 곧 구매 혹은

---

* Jean-Baptiste Say(1767~1832)에 의해 제시된 법칙으로 흔히 “공급은 스스로 수요를 창출한다”는 말로 요약된다. 경제 전체의 관점에서 보면, 일단 공급이 이루어지면 그만큼의 수요가 자연적으로 생겨나므로, 유효 수요 부족에 따른 공급 과잉이 발생하지 않아 시장은 결과적으로 언제나 균형을 유지한다는 이론이다.

생산물 분배와 같다는 말이잖아요." 부갱빌이 지적했다.

"같은 말이라……. 어쨌든 현물 교환에 바탕을 둔 방식이기 때문에 필연적으로 이 법칙이 도출될 수밖에 없어." 해피스톤은 부갱빌의 말을 직접 반박하지는 않았다. 그러고는 마치 자신의 설명에 무게를 실으려는 듯 다음과 같이 덧붙였다.

"이 법칙을 세의 법칙이라고 하지."

"토암바 인들이 자랑스러워하겠네요. 물론 교수님이 말한 교재를 읽을 수 있다면요. 하지만 이를테면 그건 아무 문제가 없는 세계에 관한 이론이잖아요." 부갱빌이 이죽거렸다. 그러고는 반쯤 궁금해하는 표정으로 해피스톤을 돌아보았다.

"맞아, 제대로 봤어. 우리는 습관적으로, 노동 시장 내 경쟁의 힘에 의해 경제가 저절로, 그러니까 보이지 않는 손에 의해 모든 가용 자원(토암바 섬의 경우, 정확히 토지와 노동)의 완전한 이용을 실현하는 방향으로 가게 된다고 말하곤 하지. 보이지 않는 손 말이야, 부갱빌! 우리가 오늘 목격한 게 바로 그 보이지 않는 손이라고!" 해피스톤이 흥분하며 설명했다.

"혹시 사토암이 양팔을 휘둘러 대며 보내던 수신호를 말하는 거라면 저도 봤어요. 하지만 시장의 보이지 않는 손을 본 것 같진 않은데요." 부갱빌이 비꼬는 투로 말했다.

"학생들 대부분이 그 부분에서 어려움을 느껴. 학생들은 시장 중개인의 역할(가령, 사토암이 맡았던 역할)이 실제로는 시장 내에서 진행되는 경쟁을 단지 흉내 내는 것이라는 사실을 이해하지 못해. 그건 단지 흉내에 불과하다고. 그가 가격을 낮출 때는 가격이 높아서 상품을 팔 수 없게 된 공급자들이 벌이는 경쟁을 흉내 내는 거야. 그 반대도 마찬가지고. 그가 가격을 높일 때는 수요자들이 자신이 원하는 상품을 구매할 수 없을 때 벌이는 경쟁을 흉내 내는 거지. 경쟁에 의해 촉발된 동요는 시장 가격이 수요와 공급이 일치되는 지점에 도달할 때까지 계속돼. (해피스톤은 마치 강의실에서 학생들을 가르칠 때처럼 그루터기 주변을 왔다 갔다 하며 설명에 열중했다.) 이 힘에 의해 수요량과 공급량이 일치하는 지점에서 자동적으로 가격이 결정되기 때문에, 이 가격을 균형 가격이라고 하는 거야."

부갱빌은 더 이상 대답하지 않았다. 대화가 길어지기를

원치 않기 때문이다. 물론 그는 만약 가격과 수량이 확정된 상태에서 현물이 아니라 화폐를 통해 지출(임금 지급과 상품 구입)이 이루어질 경우에도 이런 멋진 균형이 가능할지 궁금했다. 또한 이런 조건 속에서도 그토록 간단하게 가격이 결정되고 생산물이 판매될 수 있을지 등등. 궁금한 점이 많았다. 하지만 그에게 지금 절실한 건 그런 질문 따위가 아니었다.

그들은 아무 말 없이 걸어 숙소로 돌아왔다. 부갱빌은 드디어 허기를 채울 수 있었다. 그는 아카시아 꿀에 적신 타로를 허겁지겁 먹어 치웠다. 해피스톤은 진정제 효과가 있는 풀잎을 씹으며 흥분을 가라앉혔다. 해피스톤은 이불 속에서, 그의 표현을 빌린다면 '명상'을 하면서 오후를 보냈다.

해피스톤의 계획

부갱빌이 요란스럽게 설거지를 하는 통에 해피스톤은 잠에서 깼다. 어떻게 하면 냄비를 차곡차곡 쌓을 수 있을지 달그락거리며 너무 오래 연구를 했던 것이다.

잠에서 깼을 때 해피스톤의 기분은 180도 달라져 있었다. 온몸이 나른하고 무거운 것이 머릿속이 솜뭉치로 가득 차 있는 것 같았다. 오전 내내 활기에 차 있었던 단단한 정신이 물렁물렁해진 것 같았다. 잠들기 전 씹었던 풀잎 때문만은 아니었다. 그는 문득 자신을 기다리고 있는 것이 무엇인지 깨달았다. 발라 의식은 이를테면 건조된 배가 대양으로 나가기 직전 축하를 받으며 마지막으로 방향을 바꾸는 순간과도 같았다. 다른 때 같으면 활기차게 미래를 향해 전진했을 그였지만, 이번에는 자신의 앞날이 어깨에 진 무거운 짐처럼 느껴졌다.

해피스톤은 마음속 불안을 다스리기 위해 해변으로 산책을 나갔다. 태양은 이미 하루 동안의 혁명을 완수하고 있었고, 바다는 지는 햇빛에 물들어 온통 붉은 빛으로 타오르고 있었다. 멀리 카누 몇 척이 호수를 누비며 물고기나 게 따위를 찾고 있는 모습이 보였다.

"토암바 인들은 도대체 왜 이 평화로운 발라의 세계를 떠나고 싶어 안달하는 것일까? 타로 몇 개를 고구마, 참마, 죽순 따위와 교환하려고? 그렇게 되면 모든 게 뒤죽박죽되리라는 걸 모르는 걸까? 다양한 소비를 원한다고 하지만, 그렇게 해서 얼마나 대단한 이득을 얻을 수 있다고 생각하는 거지?" 해피스톤은 혼자 중얼거렸다.

해피스톤의 기분은 점점 바닥으로 가라앉다가 결국 '미국인들 역시 본래의 발라적 세계를 벗어나 소비를 다양화하고 선택의 폭을 넓힘으로써 도대체 무슨 이득을 얻었나' 하는 질문을 하기에 이르렀다. 그러나 이 질문에서 더 나아가지는 못했다. 역사적으로 이런 질문이 제기된 적이 없다는 것을 잘 알기 때문이다. 이론적인 차원에서 이 흥미

로운 질문을 완전히 포기할 수는 없었지만, 해피스톤은
다음 단계로 넘어갈 수밖에 없었다.

"필요한 만큼의 시장을 만드는 게 가능할지 알 수 없군.
타로 밭에서 일하는 노동자들이 임금으로 받은 타로를
참마와 교환하고, 일부는 고구마와, 일부는 죽순과 교환
할 수 있어야 한다는 말인데……. 고구마로 임금을 받는
노동자와 참마 혹은 죽순으로 임금을 받는 노동자들 역
시 마찬가지고. 각자가 모든 생산물들을 선택할 수 있으
려면 도대체 몇 개의 시장이 있어야 하는 거지?"

해피스톤은 계산을 시작했다. 타로 대 참마 교환 시장,
타로 대 고구마, 타로 대 죽순, 죽순 대 참마, 죽순 대 고
구마, 고구마 대 참마……. 이렇게 총 여섯 개의 시장이 필
요하다는 결론이 나왔다.

"여섯 개다!" 해피스톤이 소리쳤다. 그러나 다시 자세
를 가다듬었다.

"아냐, 아냐, 네 개가 더 필요해! 각 생산물마다 노동
시장이 있어야 해. 그렇지 않으면 임금 협상과 지급이 불
가능할 테니까. 제기랄! 고구마로 임금을 주는 시장, 참
마로 임금을 주는 시장……. 다 합치면 모두 열 개의 시장

이 필요하군! 이러다간 하루종일 발라 의식만 하다가 끝
나겠어." 해피스톤은 우울한 기분에도 터져나오는 웃음
을 막을 수 없었다.

내가 웃는 게
웃는 게 아니야

　사실 그는 웃고 있는 게 아니었다. 자신의 처지가 딱해
서 울고 있다고 하는 편이 맞았다. 그의 생각들은 뾰족한
수를 찾지 못하고 이리저리 헤매다 갑자기 멈추었다. 그
가 갑자기 생각을 멈춘 것은 이미 생각이 막혔기 때문이기
도 했지만 저 멀리 노을을 등지고 그를 향해 똑바로 걸어
오는 칼도크의 실루엣이 보였기 때문이었다. 그는 불필요
한 오해를 사지 않기 위해 최대한 전문가다운 태도를 보
여 줘야겠다고 생각했다. 그러나 곧 그의 걱정은 기우였
음이 드러났다.

　해피스톤은 멀리서 자신을 발견하는 그녀가 예의상 인
사를 하러 오는 것이라고 생각했지만 예상은 빗나갔다.
해피스톤을 찾아온 그녀는 거두절미하고 이야기를 꺼냈
다. 마치 비밀을 털어놓거나 음모를 꾸미는 사람처럼 불
안한 목소리였다.

　"해피스톤 씨, 내가 당신과 오랫동안 이야기를 나누는
것을 사람들이 보면 곤란해요. (해피스톤은 그녀의 완벽한

영어 실력에 깜짝 놀랐다.) 경제 쪽은 원래 오빠인 카두크가
담당하고 있지만, 당신에게 우정의 의미로 충고해 드릴 게
있어요. 지난번 IMF의 전문가에게 단일 생산물 문제를 해
결해 달라고 요청했었지만, 그 결과는 한마디로 엉망진창
이었어요. 토암바 사회 전체가 몰락할 뻔했죠. 결국 전문
가들도 끝이 좋지 않았고요. 그래서 당신에게 하나만 충
고하려고 해요."

해피스톤은 잠자코 듣기만 했다. 그는 그들이 IMF의
전문가가 아니라 그저 IMF가 파견한 경제학자라고 말하
고 싶었지만, 입이 굳어 버린 듯 아무 말도 할 수 없었다.

"화폐를 도입해야 해요, 화폐요!"

칼도크는 해피스톤이 대답할 틈도 없이 처음 나타났을
때처럼 서둘러 자리를 떠났다. 그리고 마지막으로 다음
과 같은 말을 덧붙였다.

"주제넘었다면 용서하세요, 해피스톤 씨. 하지만 나쁜
의도는 아니에요."

해피스톤은 갑작스런 그녀의 등장에 놀란 마음을 진정시
키느라 대답할 말을 찾을 수 없었다. 마음을 진정시키려고
모래사장에 누웠지만 머릿속은 온갖 생각으로 들끓었다.

'갑자기 나타나서 사람을 어지럽게 하는군. 완벽한 영어를 구사하고 게다가 경제까지! 엉망진창이 됐다는 게 도대체 무슨 뜻일까?'

방금 해피스톤이 상상했던 대로 발라 의식이 10번씩 거행되었는지도 몰랐다. 그런데 끝이 좋지 않았다니, 그건 또 무슨 말인가? 도대체 그녀의 말을 어떻게 이해해야 하나? 이상한 주문을 외듯이 화폐를 도입해야 한다고 한 이유는 뭘까? 혹시 그녀는 그 전문가가 초래한 결과를 미리 예상했던 것일까? 그 전문가는 어떤 음모에 의해 희생된 것이 아닐까?

해피스톤이 자리를 비운 사이에 새로운 상황이 전개되었다. 부갱빌은 사슈트 왕의 아들 카두크가 돼지 한 마리와 그들에게 달걀을 낳아줄 암탉 두 마리를 들고 찾아왔었다고 전했다.

"그런데 돼지는 왜?" 해피스톤은 여전히 머리 회전이 가능하다는 것을 보여 주기 위해 물었다.

"보초를 세우라는 거죠. 보초뿐 아니라 여러 가지로 유용하게 써 먹을 수 있대요. 잘 먹여서 살을 찌워 놓으면, 토암바의 국민 축제 사슈아트 때 잡아 준대요. 어쨌거나

훈제 베이컨을 한 계절 내내 먹을 수 있게 됐어요." 부갱빌
이 대답했다.

"사슈아트 축제는 언제야? 그런데 돼지는 어떻게 먹
여?" 해피스톤은 부갱빌의 말에 크게 신경쓰지 않는 듯 무
심하게 물었다.

"아, 그걸 안 물어봤네요. 그런데 카두크가 찾아온 진짜
이유는 다른 데 있었어요. 일주일 안에 액션 플랜을 제출
하라는군요." 머리를 긁적이던 부갱빌이 진지하게 말했다.

해피스톤은 귀를 의심했다.

"뭐, 일주일? 여기 온지 며칠이나 됐다고 일주일만에 액
션 플랜을 제출하라는 거야?"

"제 생각에는요, 교수님의 임무가 얼마나 중요한지, 자
신이 그 결과를 얼마나 초조하게 기다리는지를 보여 주려
는 것 같아요. 어려운 문제를 해결하는 교수님의 능력에
대해 희망을 갖고 있다는 것을 보여 주는 나름의 방식이
아닐까요?"

"어려운 문제라……." 해피스톤은 무심코 중얼거렸다.
그러고는 곧바로 침실로 가 버렸다.

새로운 주가 시작됐을 때, 해피스톤의 기분은 지난주와

는 완전히 달라져 있었다. 그는 주어진 과제 해결을 위해 밤낮으로 매달렸다. 짧은 시간에 좌절하기는커녕 오히려 자극을 받은 것이다. 그는 느긋한 열대지방의 생활 패턴이 자신과는 맞지 않는다는 사실을 깨달았다. 그는 해결해야 할 문제들과 어느 정도의 압박감이 필요한 사람이었다. 그러니까 일주일 안에 액션 플랜을 제출해야 하는 과제는 그에게 유익한 채찍질이었던 셈이다. 칼도크가 주문처럼 중얼거린 화폐에 대한 암시 역시 인정하기는 싫지만 해결책을 찾는 데 결정적인 역할을 했다. 그리고 해피스톤은 칼도크를 통해 필요한 많은 정보들을 얻을 수 있었다.

마침내 그는 일주일 동안 액션 플랜을 작성하는 데 성공했다. 제목은 '다양한 상품을 생산하는 경쟁적 화폐 경제로의 전환을 위한 여섯 가지 제안'이었다. 해피스톤은 보고서 제목에 민간기업경제라는 말을 넣을지 말지 망설였다. 그러나 타로 밭의 개인 소유를 문제 삼을 생각이 없는데 굳이 이런 말을 넣었다가 토암바 인들이 내용을 이해하기 전에 악의적인 의심만 하게 될지도 몰랐으므로 빼기로 했다. 해피스톤이 제출한 계획의 첫 번째 제안은 생산물의 다양화와 관련된 것이었고, 두 번째 제안은 각 밭에

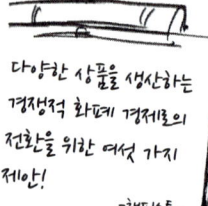

다양한 상품을 생산하는
경쟁적 화폐 경제로의
전환을 위한 여섯 가지
제안!
-해피스톤-

여러 가지 작물 경작을 배분하는 문제에 관한 것이었다.

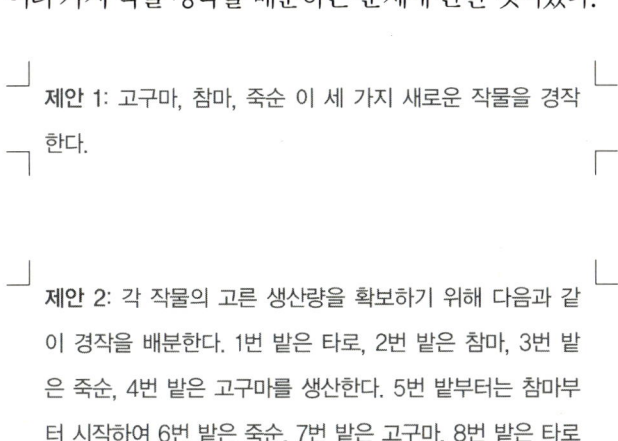

제안 1: 고구마, 참마, 죽순 이 세 가지 새로운 작물을 경작한다.

제안 2: 각 작물의 고른 생산량을 확보하기 위해 다음과 같이 경작을 배분한다. 1번 밭은 타로, 2번 밭은 참마, 3번 밭은 죽순, 4번 밭은 고구마를 생산한다. 5번 밭부터는 참마부터 시작하여 6번 밭은 죽순, 7번 밭은 고구마, 8번 밭은 타로를 생산한다. 이런 방식으로 20번 밭까지 경작을 배분한다.

　두 번째 제안의 목적은 다양한 작물을 평균적으로 비슷한 토질에서 생산하는 데 있었다. 만약 특정 작물이 좋은 토질의 밭, 혹은 나쁜 토질의 밭에 몰리게 되면 생산력의 차이로 인해 수확량이 달라질 것이기 때문이었다. 해피스톤은 시작 단계부터 문제를 복잡하게 만들 필요가 없다고 생각했다. 네 가지 작물의 생산량이 비슷해야 한다고 정한 것은 토암바 인들이 이를 비슷한 비율로 소비할 것이라는 카두크의 가정을 토대로 한 것이었다. 그들은 소비의 다양화를 열렬히 원하고 있었다. 그러나 이는 작물의 교환 비율이 1kg 대 1kg에 근접한다는 가정하에서 가능한 것이었다. 카두크는 이 교환 비율이 달라지면 어떤 일이 벌어질지 예상하지 못했다. 만약 타로가 참마보다 두 배의 가치를 갖게 되면 토암바 인들은 어떻게 반응할까? 그들은 분명 참마를 구입하기 위해서 타로 소비를 일정 부분 포기할 것이다. 하지만 얼마나 포기할 것인지는 예상이 불가능했다. 마찬가지로 한 작물의 상대적 가치가 변화할 경우 소비자들이 다른 작물들을 어떤 비율로 소비할지는 예측할 수 없었다.

그는 또한 각 밭의 작물별 생산량이 거의 비슷하다는 사실을 확인해 둔 터였다. 토암바 인들은 이미 작물 다양화를 여러 번 시도해 보았던 것이다. 예를 들어 평균적인 환경에서 노동자 한 명이 일주일에 4.5kg의 타로를 생산할 수 있다면, 동일한 노동자가 동일한 밭에서 일주일 동안 죽순 4.5kg에 근접하는 양을 생산할 수 있음을 알고 있었던 것이다. 밭이 달라져도 마찬가지였다. 결론적으로, 작물 종류를 바꾸더라도 각 밭에서 생산할 수 있는 양은 동일했다. 해피스톤은 작물을 재배하는 데 필요한 생산 비용도 거의 동일하다는 사실을 확인했다. 그는 직관적으로 작물들 간의 교환 비율이 동일할 것이라는 사실을 확신했고, 따라서 각 작물을 동일한 비율로 생산하는 방식이 유효하다는 결론을 내렸다.

자유주의 철학을 신봉하는 해피스톤은 각 밭에서 생산되는 작물의 선택과 각 작물의 총 생산량이 시장의 자유로운 조절을 통해 결정되는 편이 옳다고 생각했다. 그러나 예상되는 결과를 감안했을 때, 그는 자신의 생각을 단념하는 편이 낫겠다고 판단했다. 해피스톤은 보이지 않는 손에 시장을 완전히 맡기지 못하고 부분적이나마 개입해야 하는 자신의 처지가 다소 부끄러웠을 것이다. 그러나 해피스톤은 갈릴레이가 때로 자신의 이론을 통해 정확한 예측이 가능하다는 확신에 찬 나머지 실험할 필요조차 느끼지 않았다는 사실을 떠올리며 죄책감에서 벗어나려고 했다. 그는 자신이 예상하는 결과들을 시장이 산출하리라는 것을 알고 있었지만 한편으로는 걱정이 되었다. 혹여 발생할지도 모르는 문제점들 때문에 먼저 이곳을 거쳐 간 전문가들이 겪은 '안 좋은 끝'을 맞고 싶지 않았다.

세 번째 제안은 화폐의 도입과 관련된 것이었다.

제안 3: 토암바 섬의 공식 화폐는 토픽이다. 토픽은 보편적인
지불 수단으로 모든 재화와 서비스, 자원의 구매를 위한 결
제에 사용된다. 따라서 임금을 지급하거나 작물을 구매할 때
토픽을 지불 수단으로 사용한다.

해피스톤은 다양한 생산물 때문에 너무 많은 시장이 형
성되는 것을 막기 위해 화폐 도입이라는 결단을 내렸다.
이 아이디어는 칼도크에게서 얻은 것이었다. 해피스톤은
학생 때 기말 시험 공부를 하면서 달달 외워야 했던 악셀
레이온후프트* 교수의 유명한 말을 떠올리지 않았다면 음
모가 있을지도 모른다는 두려움 때문에 칼도크의 아이디
어를 받아들이지 않았을지도 모른다.

"화폐는 상품을 구입하고, 상품은 화폐를 구입한다. 그
러나 상품은 어떤 조직된 시장에서도 상품을 구입하지 못
한다"*는 것이 레이온후프트의 말이었다. 해피스톤은 그
당시만 해도 경제학자가 되기 위해 배웠던 온갖 지식 중에
서 이 원칙이 이렇게 도움이 될 줄은 생각도 못했고 이 원
칙이 떠올랐을 때의 희열은 말로 표현할 수 없을 정도였

---

* Axel Leijonhufvud(1933~): 네오케인지언 경제학자. 그는 경제가 균형을 이룰
수 없는 이유는 경제에 도입된 화폐가 이윤과 직접 연결되기 때문이라는 가설을 통
해 오스트리아 학파의 이론에 근접한다.

• "Money buys goods, goods buy money, but goods do not buy goods on
any organised market."

다. 해피스톤은 화폐의 근본적인 기능은 욕구의 이중적 일
치*라는 문제를 해결하는 것이라고 배운 기억을 떠올렸
다. 현실 경제에서 각각의 다른 생산물들이 서로 교환되
기 위해 교환을 위한 시장을 일일이 만들어야 하는 문제
는 현실 경제에서 화폐의 도입 없이는 해결이 불가능한 일
이었다.

해피스톤은 액션 플랜을 준비하기 위해 며칠간 머리를
싸매고 고민하면서 화폐를 도입하면 얼마나 많은 문제들
이 간단하게 해결되는지 새삼 실감했다. 임금을 화폐로
지불할 경우, 골치 아픈 문제를 초래할 수 있는 두 가지
시나리오를 버릴 수 있었다. 첫 번째 시나리오에서, 해피
스톤은 토암바 인들의 물물교환 전통을 고려하여 카렌토
크들이 각 노동자에게 그들이 원하는 비율대로 바구니에
타로, 참마, 죽순, 고구마를 섞어 임금으로 지불하는 상
상을 했다. 이때 카렌토크는 임금 바구니를 만들기 위해
각 노동자의 취향과 사정을 고려해야 하는 문제가 발생
한다. 뿐만 아니라 다른 카렌토크들과의 교환을 통해 일
일이 필요한 작물을 구해야 한다는 문제에 직면하게 될
것이다. 이를 위해서는 총 여섯 개의 시장이 필요하다. 두

---

* Double coincidence of wants: A가 교환하고자 하는 재화를 B가 욕구하고 B가
교환하려는 재화를 A가 욕구할 때 성립하는 (우연의) 일치다.

번째 시나리오는 각 노동자가 자신이 생산한 현물로만
임금을 받는 것이다. 그런 다음에는 각자가 원하는 작물
을 얻기 위해 여러 차례 교환을 해야 하므로 필요한 교환
횟수만큼의 시장이 열려야 한다. 결국 두 시나리오 모두,
욕구의 이중적 일치를 보장하기 위해 시장의 수를 늘려야
한다는 문제가 남는다.

이런 복잡한 문제를 감안한다면 화폐는 임금 지불 수단
으로서 참으로 훌륭한 도구라고 하지 않을 수 없었다. 카
렌토크들은 노동자들이 원하는 작물을 미리 준비하지 않
고도 임금을 지불할 수 있고 노동자들은 임금을 받고 난
뒤 직접 생산자에게 가서 자신이 필요한 작물을 구입할 것
이므로 많은 시장을 따로 조직할 필요가 없게 될 것이다.

네 번째 제안은 토암바에 중앙은행을 설립하자는 것이
었다.

제안 4: 토픽의 창설과 발행에 관한 독점권은 토암바 섬 중
앙은행에 있다. 중앙은행은 개인 경제 주체(주로, 카렌토크들)
에게 자금 환수 기간에 맞춰 규정된 기한 내 상환을 조건으
로 지출에 필요한 토픽을 대출해 준다.

해피스톤은 네 번째 제안의 문구를 다듬는 데 시간을 가장 많이 들였고 자신이 만든 제안들 중 가장 완성도가 높다고 생각했다. 이 제안은 화폐가 발행되어 유통되는 방식뿐 아니라 은행으로의 회수까지 명확하게 밝히고 있다. 해피스톤이 생각하는 토픽의 유통 과정은 매우 단순했다. 카렌토크들은 임금을 지불하기 위한 토픽을 정기적으로 중앙은행에서 대출받고, 중앙은행은 필요한 토픽을 '발행'해 카렌토크들에게 단기 대출 형태로 제공한다. 카렌토크의 입장에서 보면, 생산된 작물을 모두 팔고 나면 대출금을 갚겠다는 약속이 전제된 대출이다. 해피스톤의 이론에 따르면, 유통 중인 화폐의 양은 생산 주기에 따라 결정되는 기업(카렌토크)의 현금 자산과 거의 일치해야 한다. 작물 생산과 수확이 일주일 단위로 이루어지므로 상환 주기는 매우 짧을 것이다. 주 초반에 노동자들은 씨를 뿌리고, 물을 주거나 잡초를 뽑으면서 작물들을 돌본다. 그리고 금요일에 작물을 수확한다. 노동자들은 먹을 수 있을 만큼 완전히 자란 작물들만(전체의 약 5분의 1 정도) 골라 수확한다. 토암바 섬에서는 계절의 변화가 거의 없으므로 1년 내내 농사를 지을 수 있으며, 주당 작물 수확량에도 큰 변동이 없다. 해피스톤은 금요일에 수확이 끝나면 임금을 지불하고, 일요일에 작물을 구매할 수 있도록 해야겠다고 생각했다. 그렇게 하면 카렌토크들이 금요일 오전에 중앙은행에서 대출받은 돈은 일요일 오후, 늦어도 월요일 오전에는 은행으로 회수될 것이다. 화폐의 방출에서 회수까지 이틀이 걸리는 셈이다. 화폐는 노동 시장(토픽으로 지불되는 임금을 대가로 노동이 공급된다)과 상품 시장(토픽 지불을 대가로 작물이 공급된다)에서의 의무화된 결제에만 필요하기 때문이다. 그리고 대출 금액 상환으로 회수된 토픽은 폐기될 것이다.

다음 제안들은 고안하기가 훨씬 쉬웠다. 전체적인 경제적 토대(시장의 구조)를 건드리지 않는 소소한 문제들이었기 때문이다. 이 제안들의 목적은 큰 충돌 없이 새로운 시스템을 도입하기 위한 사회적 · 심리적 · 정치적 조건들을 마련하는데 있었다.

다섯 번째 제안은 토픽 화폐의 단위를 타로 본위本位로 정의하고 있다.

제안 5: 1토픽은 1kg의 타로의 가치에 해당하는 중앙은행의 차용증서다. 중앙은행이 발행한 1토픽 지폐에는 다음과 같은 문구가 새겨질 것이다. "토암바 섬 중앙은행 총재는 이 지폐를 1kg의 타로와 교환해 줄 것을 약속한다."

이 제안에는 두 가지 목적이 있었다. 우선, 모든 경제 주체들이 쉽게 그 가치를 떠올릴 수 있도록 화폐 단위를 정의할 필요가 있었다. 단순히 계산 단위를 정의하기 위해 선택된 기준 가치보다 모든 경제 주체들이 공유하고 있는 가치 단위를 기준으로 삼는 게 중요했다. 모든 사람들의 머릿속에 혼란의 여지가 없도록 토픽 지폐의 교환 가치를 각인시킬 필요가 있었다. 토암바 인들이 상품(서비스 혹은 자원)을 사고파는 과정에서 상품의 가격과 지폐의 가치를 두고 논쟁을 벌이는 일을 막기 위해서였다. 이때 지폐는 오직 계산 단위로서 가격을 표현하는 기능만을 담당해야 한다. 계산 단위를 타로가 아닌 다른 것으로 정의할 수도 있겠지만, 모든 이들이 그 정의를 쉽게 받아들이는 것이 중요했다. 해피스톤은 화폐가 순전히 공동의 계약에 불과하다는 말은 이런 의미에서만 가능하다고 생각했다.

두 번째 목적은 지폐가 담고 있어야 할 가치를 화폐 소유자에게 보장해 주는 것이었다. 그래야 재화와 서비스, 자원의 공급에 대한 대가를(일단 가격이 정해진 후) 화폐로 지불하는 데 문제 제기를 하지 않을 것이다. 어떻게 하면 토암바 인들이 화폐의 교환 가치가 보장된다고 받아들일까? 어떻게 하면 화폐 소유자들이 원하면 언제라도 화폐에 표시된 만큼의 타로를 지급하겠다는 화폐 발행인(중앙은행)의 약속 없이도, 토암바 인들에게 1토픽은 타로 1kg의 가치를 지닌다는 생각을 심어줄 수 있을까? 그러나 중앙은행의 약속을 명시하는 것 말고는 다른 방법이 없었다. 중앙은행은 1토픽을 지불하는 사람은 언제라도 1kg의 타로를 얻을 수 있다는 사실을 보증해야 한다. 이로부터 1토픽 지폐(화폐 소유자에게 일람불—覽拂* 상환)가 1kg의 타로에 대한 중앙은행의 차용증서라는 사실이 필연적으로 도출된다. 해피스톤은 토암바 인들 역시 다른 문명화된 국가에서처럼 빚으로 돈을 지불하는 방법을 익히게 될 것이라고 생각했다. 다시 말해, 중앙은행의 빚으로 대금을 지불하는 것이다.

---

* Pay at sight: 확인 후에 곧바로 대금을 지급하는 것을 뜻한다.

결과적으로 중앙은행의 대출 업무는 이중의 차용증서 발급이라는 의미를 갖는다. 다시 말해, 중앙은행은 화폐를 발행하면서 자신의 빚에 대한 차용증서를 발행하는 동시에 그 대가로 카렌토크들이 동일한 금액만큼 중앙은행에 진 빚에 대한 차용증서를 발행하는 셈이 된다. 그러나 이 과정은 제로섬 게임*이 아니다. 빚 상환을 보증할 능력이 있는 중앙은행의 차용증서는 대금 지불 과정에서 받아들여지겠지만 카레토크들의 개인 차용증서의 경우 반드시 상환을 보증할 수 있는 것은 아니기 때문이다. 카렌토크들의 입장에서 보면, 자신의 차용증서를 중앙은행의 차용증서로 대체함으로써 노동자들에게 임금을 주고 노동자들은 그 돈으로 자신이 원하는 작물을 구입하는 것이 가능해진다. 만약 각 카렌토크들이 오직 자신의 차용증서로 노동자들에게 임금을 지급하게 되면 이 과정은 훨씬 불안해질 것이다.

중앙은행은 이런 서비스를 제공하는 대가로 카렌토크들에게 대출 금액의 일정 비율에 해당하는 이자를 요구할 수도 있을 것이다. 그러나 해피스톤은 중앙은행의 대출에 대해 이자를 받을 경우 상황이 너무 복잡해질 뿐 아니라

> 중앙은행의 대출 → 차용증서
> '자신의 빚에 대한 차용증서'면서
> '카렌토크들의 차용증서'

> "이자?"
> 〈일단 보류〉

---

* zero-sum game: 승자의 득점과 패자의 실점의 합계가 영이 되는 게임이다. 이 게임에서 승자의 득점은 항상 패자의 실점과 관계되므로 심한 경쟁을 야기시키는 경향이 있다.

토암바 인들이 제대로 이해하지 못할 것이라고 생각하고 결국 이자에 대한 생각은 단념했다.

생각이 여기까지 미치자 해피스톤은 이 모든 사항들을 토암바 인들에게 자세히 설명해야 할지 고민이 되었다. 아마도 화폐 발행 업무를 책임질 미래의 중앙은행 총재에게만 자세히 설명해 주는 편이 나을 터였다. 나머지 사람들에게는 임금 지불을 위해 중앙은행이 발행한 화폐(카렌토크에게 대출해 준 화폐)는 카렌토크들이 생산된 작물을 모두 판매한 후 받은 화폐를 통해 회수될 것이라고 말해 주면 충분할 것이었다. 여섯 번째이자 마지막 제안은 화폐 가치의 신용 확립을 위한 것이었다.

제안 6: 중앙은행은 자기자본금으로 40kg의 타로를 보유한다.

해피스톤은 토암바 인들이 토픽을 보편적인 지불 수단으로 받아들이기 위해서는, 중앙은행이 1토픽은 '실제로' 타로 1kg의 가치를 가진다는 사실을 언제라도 증명할 수 있어야 한다고 생각했다. 중앙은행은 만에 하나 토암바

"1토픽 = 타로 1kg"

인들이 지폐를 전부 들고 와 상환을 요구할 때를 대비해서 항상 어느 정도의 타로를 보유하고 있어야 한다. 따라서 화폐의 가치를 보증하기 위해 자기자본금은 필수적이다.

문제는 얼마만큼의 타로를 중앙은행 창고에 넣어 두어야 하는가였다. 처음에는 유통 중인 화폐 가치에 해당하는 만큼의 타로를 보관하면 된다고 생각했다. 평소처럼 작물 생산이 이루어진다고 가정한다면, 매주 카렌토크들은 임금 지불을 위해 타로 80kg에 해당하는 돈이 필요할 것이고, 따라서 매주 금요일에 발행해 월요일에 회수하는 방식으로 80토픽의 화폐를 발행하게 될 것이다. 해피스톤은 80토픽의 화폐 가치를 보증하기 위해서는 80kg의 타로를 보관하는 게 당연하다고 생각했다. 이 현물은 중앙은행 창고 안에 실제로 존재해야 한다. 신용을 얻기 위해서는 거짓말을 해서는 안 되기 때문이다. 그러나 해피스톤은 곧 이 생각을 버렸다. 결국 하나로 수렴되는 세 가지 이유 때문이었다.

첫 번째 이유는 비교적 실용적이었다. 중앙은행의 자기자본금과 유통 중인 화폐(총 통화량의 가치)를 동일하게 유지할 경우, 더 많은 화폐를 발행해야 할 때마다(예를 들

어 고용이나 생산이 증가할 때) 은행의 자기자본금을 늘려
야 한다는 결론이 나온다. 예를 들어 임금 지불에 필요한
화폐가 일주일 사이에 90토픽이 되면, 중앙은행은 급하게
10kg의 타로를 조달해야 할 것이다. 해피스톤은 이런 방
식이 불편할 뿐 아니라 대출을 늘리는 데도 장애가 된다고
생각했다. 따라서 좀 더 유연해질 필요가 있다. 은행 창고
안의 타로 양과 통화량이 일 대 일로 대응해야 한다는 생
각을 사람들에게 주입하지 않는 편이 더 나을 것이다.

또한 나중에 작물 생산량과 임금(다시 말해 대출 금액)이
상당량 증가할 경우 중앙은행 창고에 산더미처럼 쌓인 타
로가 썩는 등 관리 상의 문제들도 발생할 것이었다.

세 번째는 근본적인 이유였다. 해피스톤은 화폐의 가치
에 대한 신뢰를 확보하는 것이 문제라면 굳이 창고 속에
있는 가치를 물신화할 필요는 없다고 생각했다. 중요한
점은 중앙은행이 언제라도 빚을 갚을 수 있어야 한다는
것이고 해피스톤은 이 근본적인 사실을 잊지 않으려고 노
력했다. 이 목적을 만족시키기 위해 중앙은행이 유통 중인
통화량만큼의 타로를 창고에 반드시 보유하고 있을 필요
는 없다. 토암바 인들 모두가 동시에 은행으로 몰려와 화

폐를 타로로 바꿔 달라고 요구하는 사태가 벌어질 가능
성은 매우 낮기 때문이다. 이 사실을 확인하는 것은 매우
간단한 이유에서 근본적으로 중요했다. 토암바 인들이
화폐로 임금을 받는 방식을 받아들인다면, 그것은 화폐
덕분에 자신이 원하는 작물을 선택해서 쉽게 구입할 수 있
기 때문이다. 그러므로 그들에게 이 화폐는 그 가치에 해
당하는 타로의 무게 이상을 의미하게 될 것이다. 그러므
로 소비의 다양화를 원하는 그들이 은행에 가서 화폐를
모두 타로로 바꾼다는 것은 논리적으로 있을 수 없는 일
인 것이다. 카렌토크들 역시 토픽을 받으러(대출하러) 은
행에 가는 것은 그것을 타로로 교환하기 위해서가 아니라
노동자들에게 일반적인 가치의 역할을 하는 지불 수단을
통해 임금을 지불하기 위해서다. 따라서 카렌토크들은
타로보다는 토픽을 필요로 하게 될 것이다. 또한 작물 판
매를 통해 거둬들인 토픽은 그것을 타로로 교환하는 것이
아니라 은행에 빚을 갚기 위해 쓰인다. 요컨대, 중앙은행
이 발행한 화폐가 화폐로써의 이점(유동성의 이점)*을 유지
할 수 있다면, 굳이 은행에 가서 화폐를 특정한 재화(훨씬
덜 유동적인 타로)로 교환할 이유가 없는 것이다.

* 케인스가 말한 '유동성 선호'(liquidity preference) 개념으로, 재산을 화폐의 형
태로 보유하려는 욕구와 화폐에 대한 수요를 말한다. 재산을 증권 등의 재화로 가
지고 있는 것보다 화폐로 소유하는 것이 언제든지 필요할 때 다른 상품이나 서비스
와 교환하기 쉽다.

해피스톤이 은행의 자기자본금 액수를 결정하는 문제
를 경제보다는 대중의 심리에 관계된 문제로 본 이유도 이
때문이다. 중앙은행이 자신의 약속을 이행할 능력이 있다
는 것을 증명하기 위해서는 충분한 자기자본금을 갖고 있
어야 한다. 그러나 이는 창고에 쌓인 자기자본금이 얼마
인지보다는 은행이 고객에게 얼마나 신뢰를 구축했는지
에 더 의존한다. 고객에게 신뢰를 주기 위해서 은행은 발
행된 화폐의 가치를 보증할 만큼의 충분한 현물을 가지고
있다는 생각을 사람들에게 심어 주어야 한다. 그렇다고
지나치게 많은 현물을 보유할 필요는 없다. 유통되는 화
폐량의 가치에 해당하는 현물을 은행이 모두 보유해야 한
다는 생각은 오히려 사람들의 신뢰를 떨어뜨릴 수도 있
다. 최악의 상황에 대비한다는 것은 최악의 상황이 발생
할 수도 있음을 인정하는 꼴 아닌가?

　모든 문제들을 일일이 검토하느라 지쳐 버린 해피스톤
은 중앙은행의 자기자본금을 40kg으로 결정했다. 매주
임금 지급을 위해 발행되는 총 화폐량의 절반에 해당하는
금액이었다.

　보고서 작성을 마친 해피스톤은 완전히 기진맥진했다.

일주일 동안 제대로 먹지도, 쉬지도 못하고 보고서에 매달렸다. 부갱빌은 처음엔 그런 그가 안쓰러워서 어렵게 잡은 물고기로 생선 튀김을 만들어 주거나, 글쓰기에 몰입한 그에게 조금이라도 쉬라고 충고를 하기도 했다. 그러다 문득 자신이 통역사가 아니라 땀을 뻘뻘 흘리며 주인을 보살피는 하인 같다는 생각이 들어 손을 놓아 버렸다.

일을 마친 해피스톤은 자신이 어떤 상태에 있는지조차 느끼지 못했다. 한편으로는 과제를 끝마쳤다는 생각에 큰 안도감을 느꼈다. '앞뒤가 맞는' 보고서를 작성했으니 헛일을 한 건 아니라는 생각이 들었다. 심지어 자신이 이룬 업적이 자랑스럽기까지 했다. 그럼에도 마음이 편해지지는 않았다. 모든 일이 계획대로 실현될 수 있을지 걱정스러웠다. 그는 자신이 어떤 부분을 걱정하고 있는지 정확히 알고 있었다. 이제부터 자신은 학술 논문이 아닌 역사의 한 페이지를 쓰게 될 것이다. 해피스톤은 자신의 계획이 초래하게 될 모든 결과들을 예상할 수는 없었지만(그건 불가능한 일이다) 의식 속에서 직관이 희미하게 속삭이는 소리를 외면할 수는 없었다. 자신의 계획이 도입된다면 토암바 섬의 경제는 근본적인 변화를 겪게 될 것이고 고전파 경제학 교과서에 등장하는 그림 같은 모습에서 탈피하게 될 것이다. 이는 노동 시장의 위대한 균형을 기초로 한 레옹 발라 식의 교환 경제와 판로에 관한 장 바티스트 세의 법칙과 영원히 작별하는 것을 의미했다. 그 순간 해피스톤의 머리가 조금만 더 맑았다면, 토암바 인들이 지금 이 멋진 세계를 떠나 그 자신에게 익숙한 화폐 지불 시스템과 중앙은행, 다양한 생산물을 갖춘 세계로 진입하게 되리라고 예측할 수 있었을 것이다. 또한 그 순간 말할 기운이 있었다면, 그 새로운 세계를 사적 생산에 기초한 화폐 경제라고 정의했을 것이다. 그럼에도 그는 끝내 안심할 수 없었을 것이다. 그에게 익숙한 그 세계를 움직이는 모든 법칙을 몰랐기 때문이다. 그는 자신의 무지를 시인할 능력이 없었다. 어쨌든 그 세계의 원활한 작동을 위한 책임이 그에게 있다는 것만은 확실했다.

이런 역사적인 책임에서 오는 공포감에 비한다면 마지막으로 제기되는 몇 가지 문제들은 부차적인 것에 불과했다. 가령, 토암바 섬 중앙은행 총재를 누구에게 맡길 것인가 하는 문제, 중앙은행 자기자본금에 충당할 타로 40kg을 어떻게 구할 것인가 하는 문제가 남았다. 해피스

톤은 생각해 둔 방법이 있었지만, 그런 문제들은 토암바
섬의 지도자들과 상의한 후에 결정해야 한다는 것을 알
고 있었다.

계획의 실현

다음날 저녁 보고서를 제출할 시간이 다가왔다. 해피스톤과 부갱빌은 푸짐한 저녁을 준비했다. 타로 속을 긁어내 튀긴 생선으로 속을 채운 뒤 밀가루 옷을 입혀 야자유로 살짝 튀긴 요리였다. 그 옆에 반으로 자른 달걀 반숙을 얹어 더 먹음직스러워 보이게 했다.

　해피스톤이 일주일동안 보고서를 작성하느라 여념이 없는 사이, 부갱빌은 균형 잡힌 식사를 준비하기 위해 노력했다. 그는 무엇보다 물고기를 잡는 기술에서 괄목할 만한 성장을 했고, 오늘 얻은 신선한 달걀들을 이전 달걀과 따로 보관할 줄도 알게 되었다. 덕분에 토암바 섬의 지체 높은 분들을 초대해 사슈트 왕이 처음에 베풀었던 만찬만큼 훌륭한 저녁을 준비할 수 있었다.

사슈트 왕은 세 번째 부인이자 주민 회관의 타로 저장
고 경리 담당인 사피크, 이제 모든 중요한 경제 정책을 담
당하게 된 카두크, 그리고 데려가 달라고 청한 칼도크와
함께 해피스톤의 숙소를 방문했다. 카렌토크들을 대표하
는 쿨부트와 팍톨, 노동자들을 대표하는 워크하드와 트
리메크*도 같이 왔다.

처음에는 의례적인 인사말들이 오갔다. 해피스톤은 본
론으로 들어가기 위해서는 일단 식사가 끝나야 한다는
사실을 깨달았다. 한 시간 가까이 이어진 식사 시간 동안
그는 애간장이 녹는 것 같았다. 그러니 식사가 끝나고 그
가 제안한 계획들이 그대로 받아들여졌을 때, 그토록 놀
란 것도 무리가 아니었다.

해피스톤은 중차대한 문제를 다루는 회의가 이런 식으
로 금방 끝날 줄은 예상하지 못했다. 그가 계획을 발표하
는 20여 분 동안 중간에 끼어드는 사람은 없었다. 다만
좀 더 구체적인 설명을 해 달라는 이들에게 보충 설명을
한 게 전부였다. 부갱빌은 미국연방준비제도이사회FRB의
공식 성명을 발표하듯 완전히 중립적이고 단조로운 목소

---

* 등장인물의 이름에 대한 내용은 앞에 나온 등장인물 설명을 참고.

리로 해피스톤의 말을 통역했다. 그의 통역을 듣고 있는
토암바 인들은 협상을 위해 파견된 정치 사절단이나 경제
시스템의 구조 개혁을 논의하는 이들과는 거리가 멀었다.
그들은 학생처럼 해피스톤의 말을 열심히 경청했고 그의
설명을 이해하려고 애쓰는 것 같았다. 아마도 논쟁을 벌
이기보다는 이해하기 위해 노력 중이라는 사실을 보여 주
고 싶은 것 같았다. 해피스톤이 제안서를 보여 주며 설명
하자 그들의 얼굴에 한숨 놓았다는 표정이 역력했다. '적
어도 이번에는 정식 계획이 제출되었지 않은가, 이 MIT의
전문가는 뭘 해야 할지를 알고 있다'라고 생각하는 것 같
았다. 그러나 그들이 대단한 반응을 보인 건 아니었다.
다만 좌중 몇 명이 고개를 주억거렸을 뿐이었다. 다만, 해
피스톤이 화폐 문제를 거론하자 칼도크가 그를 격려하기
위해(해피스톤만 볼 수 있도록) 좀 더 크게 고개를 끄덕거렸
다. 토암바 인들의 침착한 반응은 일종의 유보로 받아들
여도 무방했다. 즉, 이 작은 혁명의 요소들이 가져올 결과
에 대해 해피스톤 혼자 책임져야 하는 그날, 그 의미가 완
전히 밝혀질 터였다. 거기까지 생각이 이르자 해피스톤은
엄청난 불안감에 사로잡혔다.

그나마 조금 더 시간을 들여 논의한 것은 중앙은행 총재 지명과 자기자본금 마련에 관한 문제들이었다. 중앙은행 총재 지명 문제는 사슈트 왕과 카렌토크들 사이에 은밀히 몇 마디 말이 오가는 것으로 충분했다. 부갱빌은 해피스톤에게 조용히 그들의 대화를 요약해서 전해 주었다.

"카렌토크들은 경영계 출신의 인물이 중앙은행 총재를 맡기를 원해요. 하지만 사슈트 왕은 현재 추진 중인 개혁 조치가 정치적 권력이 개입된 문제이기 때문에 화폐 경제를 도입하고 통화 정책을 추진하는 일이 특정 계급에만 관계된 일로 보여서는 안 된다고 말하고 있어요."

"특정 계급에만 관련된 일이 아니라면, 카렌토크에게 그 일을 맡기지 못할 이유가 뭐지?" 해피스톤은 작은 목소리로 되물었다.

"아니면 노동자에게 맡길 수도 있겠죠." 부갱빌은 재빨리 덧붙이고는 다음 상황을 설명했다. "어쨌든 저들은 카두크에게 총재를 맡기기로 했어요. 사슈트 왕이 중앙은행  자기자본금 마련을 위한 열쇠는 자신이 쥐고 있으니 중앙은행 총재 지명권이 자기에게 있다는 식으로 카렌토크들을 설득했어요."

"일이 상당히 빨리 진행되는군." 해피스톤은 일이 자신의 의도를 벗어나는 건 아닌지 벌써부터 걱정이 되었다.

사슈트 왕은 중앙은행의 창고를 채우기 위해 필요한 타로 40kg을 구할 수 있다고 자신했다. 아내의 동의를 얻어 주민 회관 창고에 있는 타로 일부를 은행 창고로 옮겨 오겠다고 했다. 왕은 그 타로의 소유권자는 아니지만, 그것들을 어디에 쓸지 결정할 권한이 있었다. 그의 정치적 권력이 이 권한에서 나온다고 해도 과언이 아니었다. 주민 회관 창고에 타로 2주치 수확량 200kg이 비축되어 있었고, 이것은 토암바 섬의 소박한 재분배 시스템을 유지하는 데 쓰였다. 이들 타로는 대부분 자발적인 증여를 통해 조달된 것으로 왕은 축제나 공동 연회가 열릴 때 이 타로를 사용한다. 또 결혼식이나 출산 축하 선물로 베풀기도 하고, 어려움에 처한 공동체를 돕기 위해 사용하기도 했다. 이 중앙 집중화된 선물 보답 시스템은 날씨의 변덕으로 인한 농업 생산량 감소에 대비한 방책이자, 공동의 행사를 위한 조세 제도, 일종의 연대 기금 같은 것이었다. 사슈트 왕의 자유재량에 의해 결정되고 실행되는 재분배는 그의 권위와 개인적인 관대함의 근본적 원천이기도 했다.

또한 부분적으로는 공동체에 대해 개인적 권력을 강화할 수 있는 근거가 되기도 했다. 사슈트 왕이 선물을 하사할 때 인기 관리를 위한 전술이 완전히 배제되는 경우는 거의 없었다. 여기에 덧붙여, 사슈트 왕의 아내는 자신의 남편이 신중한 관리를 통해 선물을 하사한다는 이미지를 유지시키는 역할을 했다. 이처럼 타로 기증자들에게 왕이 지혜와 미덕을 갖췄다는 이미지를 심어 주는 것이 그녀의 임무였다. 주민 회관의 타로 비축분 일부를 중앙은행으로 보내는 데 그녀의 의견이 필요한 이유는 이 때문이었다.

사슈트 왕은 의제에 대해 합의가 이루어졌음을 선언하고 모두 물러가도 좋다는 손짓을 했다. 해피스톤은 자신의 계획이 일사천리로 받아들여진 것이 도무지 믿기지 않았다. 해피스톤은 자신과 그들 사이에 일종의 암묵적 동조 관계 같은 것이 형성됐다고 믿고 그것을 확인하려는 듯 사슈트 왕과 카두크 쪽을 보며 농담처럼 말했다.

"이렇게 해서 사슈트 님은 토암바 섬 중앙은행의 유일한 주주가 되셨습니다. 중앙은행 총재에 대해서도 권한을 갖게 되신 셈입니다."

"토암바 섬에서는 자본의 소유가 권력을 낳지는 않소."

사슈트 왕은 매우 부드러운 목소리로 대답했다. 해피스
톤과의 충돌을 피하기 위해서였다.

  그리고 해피스톤 앞에서 처음으로 활짝 웃었다. 덕분에
비죽비죽 박혀 있는 완전히 썩은 이들이 훤히 들여다보였
다. 왕의 그런 웃음은 정중함과 호의 그 자체였다. 다시
한 번 엄청난 불안이 해피스톤을 휘감았다.

  그러나 그 뒤로 4주 동안 벌어진 일들은 해피스톤에게
긍정적인 놀라움의 연속이었다. 별 다른 이견 없이 그의 계
획이 그대로 받아들여진 것은 물론, 모든 일들이 착착 진
행됐기 때문이다. 해피스톤과 부갱빌은 사슈트 왕이 마련
해 준 오두막을 사무실로 사용했다. 마을 광장과 타로 밭
중간에 위치한 빈 오두막이었다. 토암바 섬의 경제 전체가
어떻게 돌아가는지 관찰하기에 더할 나위 없이 좋은 위치
였다.

  토암바 인들은 식은 죽 먹기라는 듯 해피스톤의 계획을
실현해 갔다. 중앙은행을 설립하고 드디어 첫 화폐를 공
식적으로 찍어낸 직후에 열린 발라 의식에서 임금 협상은
이제 토픽을 단위로 이루어졌다. 의식이 끝났을 때, 예상
대로 주당 임금은 4토픽으로 결정됐다. 카렌토크들과 노

동자들이 타로 무게에 대응하는 새로운 계산 단위를 제대로 이해했다는 증거였다. 또한 노동의 공급과 수요의 조건에 아무런 변화가 없다는 의미이기도 했다.

또한 제안 2에 맞춰(각각의 작물은 평균적으로 균등한 토질에서 재배되어야 한다) 네 가지 작물이 각 밭에 할당되었다. 노동자들은 서로 이견 없이 스무 개의 밭(임금으로 4토픽을 지불했을 때 카렌토크가 이윤을 얻을 수 있는 밭) 중에서 각자가 일할 밭을 결정했다.

첫 주 동안 해피스톤은 계획의 전제 즉, 각 작물의 수확량이 동일한지를 확인하기 위해 각각의 밭을 돌아다니며 조사 작업을 벌였다. 결과는 긍정적이었다. 마침내 금요일이 되었을 때도 일은 순조롭게 진행됐다. 일요일 저녁이 되자 카렌토크들은 판매를 위해 밭 주위에 수확한 작물들을 진열해 두었다.

그날 오후 늦은 시간, 카렌토크들은 노동자들에게 임금을 주기 위해 중앙은행에서 토픽을 대출 받았다. 카두크는 자신의 임무를 매우 엄격하게 수행했다. 그는 카렌토크들에게 토픽을 내주며 이는 빌려 주는 돈이므로 일요일 저녁, 늦어도 월요일 아침까지는 꼭 갚아야 한다고 신

신당부했다. 그날 중앙은행은 총 80토픽을 대출해 주었다. 4토픽씩 노동자 스무 명에게 줄 임금이었다. 카두크는 자신을 도와주러 온 의붓어머니 사피크과 함께 대출 업무에 만전을 기했다. 그는 은행 회계 장부의 대변貸邊·credit에 각 카렌토크에 대한 채권을 대출 금액과 함께 꼼꼼히 기입했다. 그리고 차변借邊·debit에는 중앙은행이 발행한 통화량을 기입했다.* 이 금액은 동일한 kg의 타로에 대해 진 빚이나 마찬가지였으므로 결국 중앙은행의 부채인 셈이다. 결과적으로 대변과 차변, 즉 자산과 부채가 정확히 일치할 수밖에 없었다. 카두크는 마지막으로 장부를 완성하기 위해, 대변에 중앙은행 창고에 보관 중인 타로 40kg을 기입하고, 같은 금액을 차변에 '자기자본' 항목으로 기입했다. 그리고 다음과 같이 자기자본의 출처를 명시해 두었다. "공동 비축분에서 무상으로 충당함" 이번에도 역시 대변과 차변이 일치했다!

그날 저녁, 카렌토크들은 노동자들에게 직접 토픽으로 임금을 지불했다. 노동자들은 한 주 동안 일한 대가를 받는다는 평소의 기분에 덧붙여 다소 흥분돼 보였다.

일요일 아침, 수확된 모든 작물이 진열되었고 판매는

---

* 대변과 차변: 자산·부채·자본 및 수익의 발생·증가와 감소·소멸을 기록하는 표시의 구분이다. 대차대조표의 차변에는 자산이, 대변에는 부채와 자본이 표시된다. 그리고 손익계산서의 차변에는 비용이, 대변에는 수익이 표시되어, 이 두 표의 차변 합계와 대변 합계는 반드시 일치하는 것이 복식 부기의 원리이다.

순조로웠다. 토암바 인들의 구매 취향은 예상대로 적당히
다양했다. 각 작물의 수확 총량은 정확히 일치했으므로
(각 밭의 수확량에서만 차이가 났다), 참마, 죽순, 그리고 고
구마는 타로와 같은 가격에 판매되었다. 노동자들은 자
신들이 받은 총 80토픽의 임금으로 20개의 진열대에 놓인
네 가지 작물을 일정한 비율로 구매했다. 카렌토크들은
기계적인 몸짓으로 1토픽을 받고 작물 1kg을 내줬다. 머
릿속으로 이미 이중의 대응 관계를 이해하고 있는 터였다.   , 1토픽 = 1타로
첫 번째 대응은 1토픽의 가치는 1kg의 타로에 해당한다
는 것이고, 두 번째는 서로 다른 작물들의 가치가 동일하
다는 것이었다. 노동자들은 동일한 실질 임금(일주일간의
노동 가격인 식량 4kg)을 보장해 주는 이 가격에 동의했다.
모두 정해진 규정대로 행동했고 거래는 조화롭게 진행되
었다.

  거래가 끝나고 노동자들은 총 80kg의 상품을 구매한
뒤 집으로 돌아갔다. 화폐가 도입되고 달라진 점이 있다
면 그들의 바구니가 다양한 작물로 채워졌다는 것이다.
사실 이런 대대적인 일을 벌인 것도 오직 이 목적을 위해서
였다. 토암바 인들이 이 새로운 경험에 열광하는 모습을

본 해피스톤은 그들의 만족감이 소비 작물이 다양해진 것
뿐 아니라 새로운 제도의 오락적 성격에서도 기인한다는
사실을 깨달았다.

　카렌토크들은 크게 달라진 것이 없었다. 그들은 일주
일 동안 노동자들의 노동으로 총 100kg의 작물을 수확
했고 그들에게 임금으로 지불한 화폐를 돌려받는 대신
80kg의 작물을 판매했다. 따라서 그들의 이윤은 예전과
마찬가지로 작물 20kg인 셈이었다. 각 밭에서 생산되는
이윤도 예전과 동일했다. 가장 생산성이 높은 1번 밭의 주
인은 작물 1.95kg을 얻었다(총 생산량 5.95kg에서 노동자
에게 임금으로 지불한 4토픽에 해당하는 작물 4kg을 뺀 결과).
2번 밭의 이윤 역시 예전과 동일한 작물 1.85kg이었다. 3
번 밭은 1.75kg……. 이런 식으로 이윤이 거의 남지 않는
마지막 20번 밭까지 예전과 동일한 이윤이 보장되었다.
20번 밭의 주인은 4토픽을 받고 4kg의 작물을 팔고 나면
이윤은 불과 0.05kg이었지만 예전에 비해 처지가 더 나빠
진 것은 아니었다.

　카렌토크들이 겪은 변화는 오직 한 가지였다. 그들 중
몇몇이 이윤을 참마나 고구마, 죽순으로 얻게 됐다는 사

실이다. 덕분에 카렌토크들이 노동자들에게 작물을 모두
팔고 나면 재밌는 장면이 벌어졌다. 그들은 마치 아이들
처럼 왁자하게 떠들며 각자의 작물들을 교환했다. 소유
한 밭이 한두 개밖에 안 되어 다양한 작물을 경작할 수 없
는 밭 주인들은 자신의 이윤인 작물 일부를 다른 작물과
교환했다. 가령, 참마 일부를 타로와 교환하거나 타로 일
부를 고구마와, 죽순의 일부를 참마와 교환하는 식이었
다. 이 교환은 한참 동안 이루어졌으며 각자가 자신의 바
구니를 원하는 작물로 다 채웠다고 만족했을 때에야 비
로소 끝이 났다. 이처럼 화기애애한 분위기를 목격하고
나서야 해피스톤은 자신을 사로잡았던 불안감에서 해방
될 수 있었다. 그들 사이의 교환 과정을 관찰하면서 해피
스톤은 자신이 고안한 시스템이 카렌토크들에게는 소비
의 다양화를 보장해 주지 않는다는 사실을 깨달았다. 이
윤은 예전과 마찬가지로 현물 형태로 실현되었고, 한 작
물만 경작하는 카렌토크들의 이윤은 한 가지 작물일 수
밖에 없었다. 그러나 해피스톤은 카렌토크들이 교환을
마치고 유쾌한 기분으로 흩어지는 모습을 보고 마음을
놓았다.

이처럼 예상하지 못했던 작은 문제를 제외한다면, 금융 업무는 해피스톤이 예상했던 대로 순조롭게 진행되었다. 월요일 아침, 카렌토크들은 대출 받았던 토픽을 상환하기 위해 중앙은행에 들렀다. 카두크는 모든 화폐를 다 회수한 뒤 대변에서 카렌토크들에 대해 가지고 있던 채권을 삭제하고, 차변에서도 화폐 소유자에 대해 가지고 있던 채무를 삭제했다. 이제 환수한 지폐를 처리할 일만 남았다. 카두크는 그 지폐들을 폐기할 수도 있었지만 다음 주까지 은밀한 곳에 보관하기로 했다. 그는 지폐들이 은행 금고 속에 안전하게 보관되어 있는 한 아무 가치도 없는 종잇장에 불과하다는 사실을 깨달았다. 토암바 인들에게 받을 돈이나 갚을 빚이 없는 상태는 이를테면 사회적 관계의 휴식과 같았다. 카두크는 카렌토크의 입장에서 그들에게 남은 20kg의 작물이 실질적인 이윤이 된다는 사실을 상기했다. 그들이 은행에서 빌린 80토픽은 모두 상환됐고 현물 형태로 남은 이윤은 온전히 그들의 몫이었다. 즉, 그 20kg의 작물은 그들이 일주일 간 벌어들인 순이익이었다.

해피스톤은 자신이 그린 큰 그림에 따라 순조롭게 일이

[여백 메모: 80토픽 → 은행에 상환 / 20kg → 순이익]

진행되는 것을 보며 안도의 한숨을 쉴 수 있었다. 그러나 아직은 시작일 뿐이었다. 계획이 완전무결하다고 장담하기에는 너무 일렀다. 시간이 지날수록 조금씩 불안감이 쌓이는 것은 어쩔 수 없었다. 머릿속에서 너무 일찍 성공을 자축해서는 안 된다는 경고의 목소리가 들려왔다. 그는 여기저기서 흔들리고, 삐걱거리고, 막히는 과정을 거쳐 점차 제도가 정착되는 편을 선호했다. 그런데 그가 고안한 화폐 제도와 토암바 인들의 실물 경제 사이에 어떤 불화도 없는 것을 보며 그는 마치 무중력 상태에 있는 것 같았다. 자신이 만든 비행체가 현재는 완벽하게 하늘을 날고 있지만 어떤 에테르*에 의존해서 공중에 계속 떠 있는지는 모르는 상태와 같았다.

그 뒤로 3주가 지났다. 그동안 해피스톤의 불안감을 증명할만한 사건은 발생하지 않았다. 확실히 새 시스템은 아무 충돌 없이 잘 작동했고 첫 주에 성공했던 시나리오대로 움직였다. 한편 토암바 인들은 처음에 느꼈던 즐거움을 조금씩 잃고 단지 편리한 일상으로 받아들였고, 해피스톤은 이를 다소 아쉬운 마음으로 바라봤다. 그는 생각했다. '당연한 일이야. 조금 슬프긴 하지만, 토암바

---

* 빛을 파동으로 생각했을 때 이 파동을 전파하는 매질로 생각되었던 가상의 물질이다. 실험을 통해 에테르는 존재하지 않음이 입증되었다. 하지만 에테르를 밝혀내기 위한 많은 실험을 통해 광학과 전자 기학이 크게 발전하였고, 이 과정에서 상대성 원리가 탄생되었다고도 볼 수 있다.

인들이 소비의 다양화를 통해 얻은 정신적 만족감을 생각
한다면 어쨌든 목표는 달성한 셈이지. 하지만 행복은 결
코 비축될 수 없어. 이를 기억해야 해.' 여하튼 새 시스템이
반복적으로 작동한다는 사실만은 고무적이었다. 그가 만
든 비행체가 스스로의 날개로 날고 있다는 증거였으니까.

　그러나 그는 미리부터 승리를 확신하고 싶지 않았다.
자신의 계획이 전반적으로 왜 잘 진행됐는지 이해할 수 있
게 되기 전까지 경계심을 늦추지 않기로 했다. 그는 해수
면 위로 솟아 있는 위험 요소들을 충분히 표시하지 않은
해도海圖는 잘못된 것이라고 생각했다. 그럼에도 별 사고
가 없다면, 그건 단지 배들이 그 길로 많이 다니지 않았기
때문이다. 따라서 그곳에 숨겨진 암초들을 일일이 파악
하지 못한 것일 뿐이다.

　해피스톤은 자신의 불안감을 그냥 그러려니 하고 넘기
려고 했다. 그러나 예전에 그의 걱정을 들은 적이 있는 부
갱빌은 마음속 깊은 곳에 더 큰 불안감이 도사리고 있기
때문일 거라고 했다. 해피스톤은 이유를 알 수 없는 그 불
안감을 떨쳐 버리려고 애썼다. 그러면서 자신이 무엇인가
를 억누르고 있는 건 아닌지 생각해 보았다. 하지만 역시

불안감은 사라지지 않았다.

해피스톤이 자신의 고민에서 조금이나마 벗어날 수 있었던 것은 그 후 몇 주 동안 토암바 인들이 처음과 다르게 그들에게 만족감을 표시해 주었기 때문이다. IMF의 전문가들이 왔을 때처럼 그의 업적을 기리기 위해 대단한 잔치가 벌어지거나 하지는 않았지만 그와 주민들 사이의 관계가 조금씩 나아지고 있음을 느낄 수 있었다. 우선 토암바 인들이 해피스톤이나 부갱빌을 대하는 태도가 눈에 띄게 달라졌다. 두 사람이 마을을 관찰하는 동안 이따금 주민들이 차를 준비해 오기도 했다. 어떤 이들은 이불을 가져오기도 하고 저녁 준비를 위해 불을 피우는 것을 돕기도 했다. 덕분에 두 사람은 저녁을 먹기 위해 해변 근처의 숙소까지 돌아가지 않아도 되었다. 몇몇 주민들이 갖다 준 계란과 향초, 생선살 덕분에 저녁 식단도 다양해졌다. 아이들도 스스럼없이 놀러오곤 했다. 주민들과 신뢰가 쌓여가고 있다는 증거였다.

그렇게 별일 없이 한 달이 지났다. 카렌토크들의 새로운 시도가 마을에 작은 활력을 불어넣은 건 해피스톤의 계획이 실행된 지 10주가 지났을 때였다. 카렌토크들이 작물 판매용 진열대를 마을 광장으로 옮기기로 한 것이다.
일요일 아침, 그들은 주민 회관을 중심으로 반쪽 타원 모
양으로 10여 개의 노점을 설치했다. 각 노점에는 그 주인
의 밭에서 수확한 작물들이 진열되었다. 해피스톤이 이유
를 묻자 카렌토크 대표 쿨부트가 간단하게 대답했다.

"이렇게 하면 두 가지 이점이 있어요. (부갱빌이 통역해
주었다.) 여러 개의 밭을 갖고 있는 몇몇 카렌토크들의 경
우 하나의 진열대에 작물을 모아 놓으면 작물을 팔 때 이
밭 저 밭 뛰어다니지 않아도 되니까 훨씬 편하죠. 소비자
들도 마찬가지고요."

"소비자라면 노동자를 말씀하시는 건가요?" 해피스톤
이 중간에 끼어들었다.

"뭐, 그렇죠. 뭐라고 부르든 상관없어요. 소비자들 역
시 이 밭 저 밭 돌아다니지 않고 여러 가지의 작물을 한 자
리에서 구입할 수 있으니 편리하죠." 쿨부트가 마저 설명
했다.

"좋은 생각이네요. 그렇게 해서 얻는 이점이 하나 더 있
는 것 같군요. 마을 광장에 활력을 불어넣을 수 있을 거예
요. 발라 의식 때를 제외하면 광장이 썰렁하잖아요." 해피

스톤이 수긍했다.

"맞는 말씀이에요. 상업이야말로 마을 사람들이 즐겁게 공동 생활을 누릴 수 있는 기초인 셈이죠." 쿨부트가 동의했다.

광장 시장을 만들겠다는 생각은 해피스톤의 마음에 쏙 들었다. 광장 시장이 형성된다는 사실은 둘째치고 그런 방법을 토암바 인들이 스스로 생각해 냈다는 사실이 기뻤다. 초보적이고 원시적인 전통(성대한 발라 의식을 제외하고) 속에서 살아온 토암바 인들도 변화에 빠르게 적응할 수 있는 능력이 있다는 증거가 아니겠는가? 또한 자신들의 손으로 직접 보완적인 조직을 만들어 낼 정도라면, 그들이 새로운 경제 시스템을 현실적으로 받아들였다는 생생한 증거였다.

이것이야말로 해피스톤이 자신을 괴롭히는 불안감에서 벗어날 수 있는 신호였다. 이제 임무를 완수했다고 봐도 좋을 것 같았다. 광장에 설 시장이 재화와 서비스를 경쟁적으로 거래하는 시장은 아니지만 그는 그 '미묘한 차이'는 무시하기로 했다. 사실 며칠 전부터 그의 마음은 이미 떠날 채비를 하고 있었다.

　해피스톤과 부갱빌은 이제 떠날 때가 되었다는 데 동의
했다. 부갱빌은 아마도 몇 주 더 머물고 싶어 할 터였다.
그는 시간이 너무 빨리 지나갔다고 느꼈다. 토암바 어 실
력을 예전만큼 회복하지도 못했고, 이 상냥한 토암바 인
들의 혈족 관계, 상호성 법칙의 진화, 제의와 축제, 신화
등의 의미에 대한 지식을 더 넓히지도 못했다. 이 태평양
외진 섬의 민족지학에 대한 풍부한 자료 없이 돌아가야
하는 게 안타까웠다. 그러나 그는 임무가 성공적으로 받
아들여질 때 떠나는 것이 낫다고 생각했다. 그 점에 대해
서는 어쩌면 해피스톤보다 더 잘 이해하고 있었다.

　해피스톤과 부갱빌은 한 주 내내 떠날 준비를 했다. 숙
소를 청소하고 물건들을 정리했다. 해피스톤은 많은 시
간을 들여 노트들을 새로 옮겨 적었다. 그는 자신이 기억
력이 좋지 않다는 사실을 알고 있었고 잊기 전에 미리 임
무를 수행하는 동안 있었던 일들과 그에 대한 코멘트들
을 최대한 많이 기록해 둘 필요가 있다고 생각했다. 부갱
빌은 가져가지 않을 물건들을 어떻게 할지 고민하면서 시
간을 보냈다. 돼지와 닭들을 어떻게 처리할 지도 생각해
야 했다. 그리고 아침나절 내내 비행기와 택시를 부르기

위해 필요한 위성 전화를 다시 작동시키려 애를 쓴 결과 광전지를 이용해 배터리를 완전히 충전시키는 데 사흘이 걸린다는 사실을 깨달았다. 사흘이나 더 기다려야 하다 니…….

그날 저녁, 카두크와 쿨부트가 그들의 숙소로 급히 달려왔다. 그들은 곤혹스러운 표정으로 부갱빌에게 먼저 소식을 전했다. 해피스톤에게 걱정을 끼치고 싶지 않았기 때문일 것이다. 심각한 일이 아닌 것처럼 보이고 싶어하는 것 같았다. 카두크는 그렇게 늦은 시간에 예고도 없이 불쑥 찾아온 것에 대해 양해를 구했다. 그는 두 사람이 떠날 준비를 하느라 여념이 없던 순간에 들이닥쳤다는 사실을 깨달았다.

"카렌토크들이 조금씩 실망하고 있다는 사실을 말씀 드리려고 왔습니다." 카두크가 서두를 꺼냈다.

쿨부트는 고개를 끄덕이며 카두크의 말에 동의한다는 뜻을 내비쳤다.

"실망감이라고 해야 할지, 다소 언짢은 기분이라고 해야 할지 모르겠지만 화가 난 건 아니에요. 절대 그런 건 아니에요."

"그래요? 이유가 뭐죠?" 부갱빌이 물었다.

"카렌토크들은 자신이 노동자와 동일한 혜택을 누리지 못한다고 생각해요. (이 말에 쿨부트가 고개를 끄덕였다.) 그들도 노동자들처럼 광장 시장의 노점을 돌아다니며 화폐로 물건을 사기를 바라는 거죠." 카두크가 털어놓았다.

쿨부트는 방금 전보다 더 크게 고개를 끄덕였다. 하고 싶은 말은 그게 전부였다는 의미였다.

해피스톤은 그들의 대화를 모두 듣고 있었지만 한마디도 알아듣지는 못했다. 토암바 섬에 세 달 동안 머무르면서 그가 배운 토암바 어는 '안녕하세요', '안녕히 계세요', '감사합니다' 정도였다. 그러나 토암바 어를 몰라도 카두크가 자신을 찾아온 이유를 짐작할 수 있었다. 마음속에서 새끼 돼지 몸집만큼 부풀어 올랐던 불안감이 다시 테니스공만한 크기로 쪼그라들었다.

해피스톤은 다음날 아침 일찍 중앙은행에서 만나기로 카두크와 약속을 정했다. 해피스톤은 가능한 빨리 이 섬을 뜨기 위해 1분도 지체해서는 안 된다고 생각했다.

Kelshut

사라진 이윤

토암바 섬의 중앙은행 본사는 카두크의 집이었다. 동이 트자마자 해피스톤은 부갱빌과 함께 중앙은행 총재의 집을 향해 길을 나섰지만 무슨 말을 할지 정도만 준비된 상태였다. 하룻밤 사이에 새로운 계획을 세운다는 것은 불가능했다. 더구나 이미 마음은 토암바 섬을 떠난 상태였다. 그는 이게 원래 계획의 마지막 보완 작업이 되기를 바랐다. 그의 머릿속에 한 가지 제안이 떠올랐다.

카두크는 감자 수프에 죽순과 수란水卵을 곁들여 대접했다. 해피스톤은 바로 본론으로 들어갔고 부갱빌이 통역을 시작했다. "문제가 뭔지 이해했습니다. 해결책을 찾아야 한다는 당신의 생각에 저도 동의합니다. 화폐 경제에서는 이윤도 화폐의 형태로 실현되어야 합니다.”

“그렇게만 되면 더할 나위가 없겠지요. 밭 주인들이 보편적인 지불 수단의 형태로 수입을 얻어 자신들의 피고용자들과 같은 혜택을 누릴 수 있다면 말이죠.” 카두크는 그의 말에 동의했다.

“전적으로 동의합니다. 이윤으로 얻는 혜택이 오히려 불편한 것이 되면 안 되겠죠.” 해피스톤은 짓궂은 말투로 덧붙였다.

해피스톤은 토암바에 도착했을 때부터 이 ‘조그만 녀석’이 새끼 호랑이임을 눈치 챘다. 해피스톤은 그가 성장하는 모습을 관심 있게, 한편으로는 걱정스럽게 지켜봐 왔다. 카두크는 벌써 부자들의 문제에 동정심을 불러일으키는 기술을 능숙하게 구사했다.

“제 생각에 해결책은 간단합니다. 밭 주인들이 이윤을 화폐의 형태로 실현하기 위해서는 생산된 작물을 모두 시장에 내다팔면 됩니다. 카렌토크들이 작물의 일부를 현물 형태로 보관하는 대신 수확물을 팔아서 현금을 확보할 수 있다면 은행에 갚아야 할 돈(노동자들의 임금)을 뺀 돈으로 자신들의 바구니를 다양한 작물로 채울 수 있을 겁니다." 해피스톤이 말했다.

"완벽하네요." 카두크는 고개를 끄덕였다. 하지만 그 말의 뉘앙스는 긍정적인 것이 아니었다.

사실 카두크는 상대가 해결책을 알고 있으면서도 되는 대로 말하고 있다는 느낌을 받았다. 카두크가 약간 의아하다는 표정으로 말을 이었다.

"그러려면 작물 가격이 다소 인하되는 것에 카렌토크들이 동의해야 할 텐데요. 현물 형태로 이윤이 남던 때와 동일한 가격으로 판매할 경우 작물을 모두 팔 수 없을 테니까요."

"네, 그렇죠. 하지만 다른 방법이 없어요. 우리가 수요 법칙에서 배우는 근본 원리 중 하나예요. 가격 인하 없이 상품의 판매량을 늘릴 수는 없어요." 해피스톤이 설명했다.

해피스톤은 자신이 성의 없이 대화에 임하고 있음을 느꼈다. 대화를 제대로 이끌어 가기 위해 그가 찾아 낸 유일한 방법이라곤 현재로선 카두크의 상식적인 지적을 경제 용어로 다시 정리해 주는 것뿐이었다. 해피스톤은 잠시 정신을 가다듬은 뒤 용기를 내어 말했다.

"다른 방법이 있긴 해요! 가격 인하를 막을 방법이요.

중앙은행에서 카렌토크들에게 미리 20토픽(현재 현물의 형태로 실현되는 20kg의 작물 가격)을 대출해 주면 돼요. 그렇게 하면 카렌토크들도 노동자들처럼 시장에 가서 원하는 작물 20kg을 구입할 수 있죠."

"뭐라고요? 이윤이 실현되기 전에 미리 이윤을 지급한다고요? 말도 안 돼요! 너무 위험해요. 이윤은 그것이 실제로 실현되었을 때에만 분배될 수 있어요." 카두크는 펄쩍 뛰었다.

카두크가 너무 흥분했으므로 해피스톤은 한 발 뒤로 물러설 수밖에 없었다. 자신이 제시한 해결책이 적절하다고 생각했지만 그를 설득할 근거가 부족했다.

"좋아요. 그럼 카렌토크들이 가격 인하를 받아들이는 수밖에 없어요." 해피스톤은 대답했다.

"가격은 어떻게 인하하죠?" 카두크가 물었다.

이번엔 카두크가 전문가 쪽으로 대화의 주도권을 넘겼다. 해피스톤은 대화에 정신을 집중해야 함을 깨달았다. 그는 일단 자동적으로 떠오르는 생각들에 매달렸다.

"가격 인하를 가능하게 해주는 것은 경쟁이에요. 지금까지 카렌토크들은 1토픽은 1kg의 작물에 대응한다는 생각에 기초해서 기계적으로 물건을 팔기만 했지요. 이처럼 고정 가격이 형성된 것은 두 가지 때문이었어요. (해피스톤은 자신의 '감각'이 되살아나는 것을 느꼈다.) 우선 지폐에 쓰여 있는 문구를 통해 화폐 가치에 대한 믿음이 심리적으로 각인된 결과예요. 다른 한편으로 그들은 임금이 여전히 현물 가치로 결정된다고 생각하고 있어요. 따라서 4토픽을 지불하면 과거 경제 체제 속에서 받았던 실질 임금에 해당하는 4kg의 작물을 구입할 수 있어야 한다고 생각하는 거죠. 이처럼 고정된 가격을 바꿀 수 있는 유일한 방법은 경쟁을 도입하는 겁니다."

경쟁의 도입!!

카두크는 해피스톤의 설득에 쉽게 넘어갔다. 그러나 이론적인 면에 동의했을 뿐, 그 생각을 현실에 어떻게 적용할지에 대해서는 알지 못했다.

"어느 선까지는 이해할 수 있을 것 같습니다. 하지만 토암바 섬에 경쟁 같은 것은 없습니다. 우리 조상들이 발라 의식을 발명한 것도 경쟁을 피하기 위해서였죠." 카두크는 공손하게 대답하면서 부갱빌 쪽을 돌아보았다.

"부갱빌 씨가 한 말에 따르면, 해피스톤 씨도 실질 임금과 노동량과 관련해서 발라 의식이 '실제의' 노동 시장에서 벌어지는 경쟁과 동일한 결과를 낳는다고 하셨다지요?”
카두크는 잠시 숨을 고르고 생각에 잠긴 표정으로 말을
이어나갔다.

　“어쩌면 같은 결과일 수도 있겠지요. 하지만 경쟁을 수
단으로 삼지 않는다는 건 확실해요. 우리는 경쟁이 시기
심의 원인이라고 생각해 왔습니다. 시기심이 쌓이다 보면
어느 순간 사회는 돌처럼 굳어 버리게 되지요. 카렌토크
들과 노동자들은 발라 춤을 추면서, 당신의 표현대로 하
면 생산물에 대한 권리를 주장하는 동안, 상대의 의중을
몰래 염탐하지 않습니다. 물론 서로를 비교하거나 무시
하지도 않습니다. 단지 숲의 정령을 부르고 ‘토암바 인들
의 평등’을 실현하기 위해 양팔을 흔드는 사토암의 몸짓
에만 집중합니다. 여기서 평등이란 공급량과 수요량의 정
확한 일치를 말합니다.”

　그의 말을 듣고 있던 해피스톤은 인내심에 한계를 느꼈
다. 발라 의식에 대한 설명은 부갱빌에게는 흥미로운 주
제일 것이나 해피스톤은 얘기가 너무 멀리 갔다고 느꼈
다. 적당한 선에서 자를 필요가 있었다. 짐도 다 쌌고 비
행기만 타면 끝이었다.

"토암바 섬에 경쟁이 존재하지 않는 건 사실입니다. 하지만 경쟁이 곧 시기심은 아닙니다. (그는 이에 대해 굳이 설명을 덧붙이고 싶지는 않았다.) 토암바에 경쟁이 존재하지 않는다면 도입하면 됩니다. 토암바에는 한 가지 형태의 시장, 즉 생산 작물과 노동의 교환 시장만 있었습니다. 거래는 타로 대 노동, 물물교환으로 이루어졌습니다. 그런데 이제는 이 교환이 두 과정으로 나뉘었습니다. 한쪽에서는 노동과 화폐 임금의 교환이 이루어지고, 다른 한편에서는 화폐로 받은 임금과 작물 사이의 교환이 이루어지고 있습니다. 이처럼 화폐 경제에는 노동 시장과 상품 시장이라는 두 개의 시장이 존재합니다. 토암바도 이젠 두 개의 시장이 형성된 만큼 이 두 시장을 제대로 된 시장으로 조직할 필요가 있습니다. (해피스톤은 자신이 텔레비전에 출연해 강의하고 있는 듯한 착각에 사로잡혔다.) 다시 말해, 상품 시장에 경쟁이 도입되어야 한다는 말입니다."

카두크는 해피스톤의 다음 말을 기다렸다. 생각을 정리할 시간이 필요했다.

해피스톤이 말을 이었다. "경쟁은 하늘에서 뚝 떨어지는 것이 아닙니다. 아니, 땅에서 저절로 솟아나는 것이 아니죠." 이 말은 토암바 인들이 조상으로부터 물려받은 세계관을 염두에 둔 말이었다. (부갱빌은 토암바 인들의 신화에 대한 해피스톤의 지식에 살짝 감동받았다.) "그렇지만 우리의 임무는 간단합니다. 경쟁을 위한 조건들을 창출하는 동시에 거기에 필요한 행동 양식을 정착시키고 그런 식으로 가격을 인하하면 됩니다."

카두크는 경청의 표시로 고개를 끄덕였고 이를 본 해피스톤은 말에 가속을 붙였다.

"경쟁을 위한 조건은 이미 상당 부분 갖췄다고 볼 수 있습니다. 최근 카렌토크들은 상품 진열대를 마을 광장으로 옮겼습니다. 한 장소에 모든 상품이 모이게 됐으니 동시에 가격을 제시할 수 있는 광장 시장이 열린 셈이죠."

카두크는 다시 시기심에 대해 말하려다가 입을 다물었다.

해피스톤이 말을 이었다. "행동 양식을 정착시키기 위해서는 일종의 페다고지*가 필요합니다."

해피스톤은 페다고지라는 말을 좋아했다. 이상하게도 이 말은 대학에서보다 그가 드나들었던 국제기구에서 더 자주 사용되었다.

---

* pédagogie: 교육학, 교수법.

"중요한 것은 노동자들이 카렌토크가 제시하는 가격을 잘 비교하도록 교육시키는 것입니다. 카렌토크들이 서로 다른 가격을 제시할 테니 구매자 입장에서는 가장 싼 물건을 찾는 게 당연하죠. 카렌토크 입장에서는 더 쉬운 일입니다. 이윤을 화폐로 얻고자 한다면 작물들을 다 팔 수 있을 정도까지 가격을 낮춰야 하죠. 그래야만 이윤을 화폐 형태로 얻을 수 있으니까요. 그들이 이 과정을 미심쩍어 할지라도 어쩔 수 없이 그렇게 해야 할 겁니다. 상품의 판매가 경쟁 속에서 이루어질 테니까요."

해피스톤은 점점 목소리를 낮췄다. 이 마지막 제안으로 그의 계획이 완수되었음을 알리기 위해서였다. 해피스톤은 카두크의 말을 기다리며 호흡을 가다듬었다. 카두크는 천천히 의자에서 일어섰다.

"카렌토크들과 노동자들에게는 누가 설명하죠?" 카두크는 침착하게 물었다.

해피스톤은 속으로 쾌재를 불렀다. 이 질문은 곧 그의 계획이 받아들여졌다는 증거였다. 너무 안도한 나머지 해피스톤은 별 생각 없이 이렇게 내뱉었다.

"총재님이 설명해 주시는 게 좋을 겁니다. 정치적으로는

화폐로 이윤을 얻고자 한다면 가격을 낮춰라!!
→ 경쟁 속에서 이루어지는 상품 판매

왕족이고 경제적으로도 중요한 직위에 계시니까 경제 문제에 관해 사람들을 설득할 수 있는 가장 좋은 위치에 있다고 생각합니다."

카두크는 이 문제를 순전히 경제적인 문제로만 간주하도록 강요받은 셈이었다.

카두크는 동의의 표시로 이렇게 말했다. "좋아요, 대신 한 가지 약속을 해 주셔야겠습니다, 해피스톤 씨……. 이 계획이 도입될 경우 발생할 수 있는 모든 결과들을 파악한 뒤에 떠나겠다고 말입니다."

마음속에 박혀 있던 테니스공만한 불안감이 축구공만큼 부풀어 올랐다. 해피스톤은 그러겠다고 약속했다.

해피스톤과 부갱빌이 중앙은행 관저를 빠져나왔을 때 토암바 하늘을 흘러가던 거대한 잿빛 구름에서 빗방울이 떨어지기 시작했다. 부갱빌은 이번 회담의 결과를 한마디로 정리했다.

"위성 전화 충전기를 다시 들여놓아야 한다는 뜻이죠?"

해피스톤은 대답할 말을 찾지 못했다. 며칠 안에 이곳을 뜰 수 있을 거라는 희망을 아직 버리지 못했지만, 왠지 토암바에 더 오래 있어야 할지도 모른다는 예감에 사로잡했다.

바로 이날부터 상황은 해피스톤의 의도와는 전혀 다르
게 전개되었다. 해피스톤이 해나갈 앞으로의 임무는 역사
의 물줄기(그 물줄기를 튼 건 바로 그 자신이었다)를 뒤늦게
따라 잡기 위한 악몽 같은 경주와도 같았다. 그처럼 혼란
이 가중되면서 행동이 이성을 앞지르기 일쑤였고, 해피스
톤은 마치 상체의 무게를 견디지 못하는 사람처럼 비틀거
리며 앞을 향해 나아갔다. 그는 자신이 어디로 가는지도
모른 채 균형이라는 환상을 유지하기 위해 정신없이 발을
내딛었다. 해피스톤은 달이 지구의 주위를 공전하면서 지
구로 떨어지지 않는 것은 바로 그 속도 덕분이라는 생각
을 여러 번 떠올려야 했다.

그가 제안한 두 번째 계획은 몇 주 만에 토암바 섬 경제
를 벼랑까지 몰고 갔다.

시작은 괜찮았다. 카렌토크들이 경쟁하여 작물 가격을
떨어뜨리면 각자에게 이익이 돌아갈 것이라고 노동자들
을 설득하는 것은 어렵지 않았다. 노동자들은 더 싼 가격
으로 작물을 구입할 수 있다는 이점을 넘어서 자신들이
능동적인 소비자로 지위가 격상될 수 있다는 사실을 깨달

았다. 카렌토크들은 그들대로 이 새로운 규칙(그들 사이
의 경쟁과 예상되는 가격 인하)이 그들이 원하는 것, 즉 이윤
을 화폐의 형태로 실현하기 위한 대가라는 점을 이해했다.
카렌토크들이 예전보다 많은 작물을 돈(노동자들의 지출)
을 받고 판매하자 가격은 그만큼 하락했다. 해피스톤과
부갱빌은 이상적인 위치의 사무실에 앉아 이 '가격 조절 과
정'을 최일선에서 관찰할 수 있었다.

　계속 떨어지기만 하던 작물 가격은 1kg 당 80센트(1토
픽=100센트) 선에서 멈췄다. 이 수준에 이르자(4주 만에)
가격은 더 이상 떨어지지 않았다. 가격이 어느 정도까지
떨어질지 미리 예상하지는 못했지만, 크게 놀랄만한 일은
아니었다. 작물 생산량은 여전히 총 100kg이고 지출 가
능한 임금 총액이 80토픽이었으므로 작물을 모두 판매하
기 위해서 작물 1kg 당 가격이 80센트가 된 것은 당연했
다. 딱 맞아떨어진 셈이었다. 어떻게 이 정확한 가격에 도
달할 수 있었는지에 대한 질문 역시 대답하기 어렵지 않
다. 카렌토크들로서는 자신의 모든 생산물을 판매해야
했기 때문에 이 수준까지 가격을 인하할 수밖에 없었다.
소비자들은 조금이라도 싼 가격을 제시하는 상점을 찾아

= 80센트
1kg

다니면서 이 과정을 도왔다. 그러나 가격이 무한정 내려
갈 수는 없었다. 판매자들이 가격을 80센트 이하로 내릴
필요가 없다는 사실을 깨닫게 된 순간 가격은 더 이상 떨
어지지 않게 된 것이다. 몇몇 판매자들은 소비자들의 압
력에 못 이겨 그보다 낮은 가격을 제시하는 모험을 감행
하기도 했지만 곧 그렇게 하지 않아도 된다는 사실을 깨
달았다. 80센트에 팔아도 작물을 모두 팔 수 있다는 사
실을 알게 된 것이다. 예를 들어 4kg의 작물을 팔아야 하
는 판매자가 있다고 하자. 그는 다른 경쟁자들이 75센트
에 작물을 팔더라도 노동자들에게는 자신의 작물을 모두
살 수 있을 만큼(혹은 사고도 남을 만큼)*의 돈이 주머니에
있다는 사실을 알게 된 것이다. 따라서 80센트 아래로 가
격을 낮출 필요는 없었으며, 반대로 그보다 더 가격을 올
리면 작물을 모두 팔지 못할 가능성이 있었다. 결과적으
로 카렌토크들은 작물 1kg 당 80센트라는 동일한 가격
으로 모든 작물을 판매하게 된 것이다.

　해피스톤은 일물일가의 법칙The Law of one price**이 현장
에서 실현되는 모습을 목격하고 다시 한 번 감격할 수도
있었을 것이다. 경제학 교과서의 예언대로 경쟁을 통해 모

---

* 경쟁자들이 75센트를 받고 96kg의 작물을 팔았다면 노동자들은 72토픽을 지출
　한 셈이 된다. 따라서 노동자들의 호주머니 속에는 여전히 8토픽이 남아 있다.

** 경제학의 원칙 중 하나로, 무차별의 법칙이라고도 한다. 한 시장에서 동일한 상품
　이 다양한 가격으로 판매된다면 완전 경쟁이 이루어지는 한, 사람들은 싼 상품을
　사려고 할 것이므로 높은 가격의 상품에 대한 수요는 없어져 가격을 인하하지 않
　을 수 없다. 즉 하나의 시장에서 동일한 상품은 어느 시점에 동일한 가격으로 통
　일된다는 법칙이다.

든 교환이 단일 가격으로 이루어지게 된 것이다. 그러나 불행히도 해피스톤은 실제 상황에서 거둔 이 성공의 맛을 음미할 시간을 누리지 못했다.

바로 이 깔끔한 결과 때문에 카렌토크들 사이에서는 난리가 났다. 당연한 일이었다! 카렌토크들은 가격을 80센트까지 인하함으로써 모든 작물들을 팔 수 있었지만 결과적으로 이윤을 남길 수 없었다!

해피스톤이 좋아하는 거시경제학적 차원에서 계산해 보면 모든 게 명확했다. 카렌토크들은 여전히 노동자들에게 총 80토픽의 임금(카렌토크의 생산비)을 지급했고, 노동자들에게 작물을 판매하여 총 80토픽의 수익을 거둬들였다. 문제는 모든 작물을 판매했기 때문에 그들의 이윤에 해당하는 작물이 전혀 남아 있지 않다는 것이었다. 한편으로는 당연한 일이었다. 카렌토크들이 더 이상 현물 형태의 이윤을 원하지 않기 때문이다. 하지만 다른 한편으로 보면 결과는 결코 '정상적'이라고 할 수 없었다. 화폐 형태로 이윤을 실현하기 위해 모든 작물을 판매했는데 결과적으로 화폐 형태의 이윤을 얻을 수 없었으니 말이다.

카렌토크들은 현실이 이렇게 간단하게 설명될 수 있다

는 사실을 서서히 깨닫게 되었다. 그들은 더 비싼 가격으로 작물을 팔 수 없었다. 노동자들이 지출할 수 있는 돈이 총 80토픽으로 제한되어 있었기 때문이다. 따라서 이윤이 사라진 것은 경쟁 때문이 아니었다. (카렌토크들은 이윤이 감소하는 이유를 경쟁 때문이라고 생각할 뻔했다.) 소비자들이 지출할 수 있는 능력 이상으로 상품을 팔 수 없기 때문이었다. 이런저런 이유를 대서 어떻게든 더 높은 가격으로 작물을 판매하는데 성공했다손 치더라도 전체적으로 80토픽 이상을 벌어들일 수는 없었다. 더 높은 가격을 제시할 경우 작물을 다 팔지 못하는 사태에 직면할 수도 있었다. 최대한의 가격으로 모든 작물을 판 다음 거둬들인 수입은 결과적으로 생산비와 정확히 일치했다. 그래서 카렌토크들은 '이윤을 남길 수 없었던 것'이다!

이런 결론에 다다른 해피스톤은 온몸에서 힘이 빠져나가는 것을 느꼈다. 그는 그 결론을 노트에 기록해야 할지 잠시 망설이기까지 했다. MIT의 경제학 교과서 제2장에서 그런 원리를 본 적이 없었기 때문만은 아니었다. 그보다 결과가 너무나 엄청난 것이어서 펜을 쥔 손이 떨렸기 때문이다. 그럼에도 그는 노트에 이렇게 기록했다. 소비

*카렌토크들이 벌어 들일 수 있는
최대의 수익 → 80토픽 = 생산비
"그들의 이윤은 어디에?"*

<u>재만을 생산하는 화폐 경제에서 전체적으로 화폐 형태의
이윤은 존재하지 않는다.</u>* 해피스톤은 온몸을 떨다가 펜
을 떨어뜨리고 말았다. 해피스톤은 펜을 주워 노트를 한
장 넘기며** 중얼거렸다. "제발 내가 틀렸기를."

　이윤이 완전히 사라진 것은 아니라는 사실이 그나마 조
금 위로가 되었다. 전체적으로, 혹은 평균적으로 이윤이
사라진 것은 확실했지만 각각의 밭을 살펴보면 일부 밭
에서는 이윤이 발생하고 있었다. 그만큼 다른 밭에서는
손실이 발생하긴 했지만 말이다. 주당 생산량이 5.95kg
인 1번 밭의 주인은 4.76토픽***의 수입을 거둬들였다. 다
른 밭과 동일하게 임금으로 4토픽을 주고 나면 76센트의
이윤이 남았다. 5.5kg을 생산하는 2번 밭의 경우는 이윤
이 68센트였다. 밭 번호가 뒤로 갈수록 비슷한 비율로 이
윤이 줄어들다가 10번 밭의 주인은 5.05kg의 작물을 팔
고 나면 고작 4센트의 이윤을 얻었다. 11번 밭부터는 마
이너스가 되기 시작했다. 11번 밭의 손실 4센트에서 시작
해서 뒤로 갈수록 손실이 커지다가 20번 밭의 손실액은
76센트가 됐다. 수확량이 높은 밭의 이윤이 수확량이 낮
은 밭의 손실을 보전해 준 셈이었다. 그러나 카렌토크 입

---

* 해피스톤의 노트에는 이렇게 적혀 있었다. "카렌토크들이 상품을 모두 팔고 난
뒤 화폐 이윤을 얻었다고 가정한다면, 화폐 형태로 그들이 얻게 된 그 이윤은 무
슨 소용이 있을까? 모든 생산물이 노동자에게 판매된 마당에 그 이윤의 실질적
반대급부가 존재하는가? 하나의 동일한 상품은 동시에 두 소유자에게 귀속될 수
없다. 따라서 이런 식으로 화폐 이윤을 얻었다고 해도 재산이 늘어났다고 말할
수는 없다. 다시 말하면 이윤으로서의 의미가 없다."

** 해피스톤은 이 결론을 납득하기 위해 노트 속에 작은 도식을 그려 보았다. 부록
에서 '화폐 지출의 순환 도식'을 참조할 것.

*** 부록의 표2 참조.

장에서 보면 이런 보전은 의미가 없었다. 예전에는 전체 이윤이 타로 20kg이었다는 사실은 둘째치고 수확량이 낮은 밭의 주인이 수확량이 높은 밭도 (이익과 손실이 상쇄되는 방식으로) 소유하리라는 보장이 없기 때문이었다. 카렌토크들이 처음 밭을 분배받을 때 이런 논리는 적용되지 않았다. 결과적으로 일부 카렌토크들은 얼마간의 이윤을 얻을 수 있었지만 일부는 손해를 볼 수밖에 없었다.

상황이 이런 식으로 전개되자 카렌토크들은 분노했다. 그들은 토암바의 가장 핵심적인 경제 기구의 수장들을 공격할 태세였다. IMF가 추천한 전문가를 데려온 책임은 사슈트 왕에게 있었고, 발라 의식의 책임자는 사토암이었다. 카두크는 두말할 것 없이 새롭게 도입된 화폐 경제를 대표하는 인물이었다.

카렌토크들의 분노는 처음에는 카두크를 향했다. 이윤이 사라진 건 둘째 치고 일부 카렌토크들은 작물을 모두 팔아 돈을 손에 쥐었어도 중앙은행 대출금을 갚을 수 없었다. 전체적으로 보면 카렌토크들은 임금 지급을 위해 대출한 80토픽을 갚을 수 있었지만 일부 카렌토크들 (11~20번 밭의 주인들)은 노동자들에게 지급한 임금보다 수입이 적었고 따라서 대출을 상환할 돈이 없었다. 반면 몇몇 이윤이 남은 밭 주인들은 은행에 대출금을 상환하고도 화폐 형태의 이윤을 남길 수 있었다.

상황이 이러했음에도 카두크는 고집을 꺾지 않았다. 그는 카렌토크들의 처지를 동정하면서도 그들이 이윤을 회복할 수 있도록 전혀 도울 수 없었다. 그는 대출을 상환하지 못한 카렌토크들의 손실을 보전해 주기를 완강히 거부했다. 대출 상환을 몇 주만 연기해도 해결할 수 있을 문제였다. 그렇다고 대출 업무에 크게 지장이 있는 것도 아니었다. 은행 회계 장부의 대변에 대출을 상환하지 못한 카렌토크들에 대한 채권을 기입하고 차변에 여전히 유통 중인 통화량(은행 자신의 부채)을 기입하면 될 일이었다. 이 잔여 금액은 이윤을 남긴 카렌토크들의 금고에 있는 금액과 일치했다. 그러나 카두크는 이렇게 일을 처리하는 것이 '건전하지 못하다'고 못을 박았다. 그가 생각하는 은행의 역할은 밭 주인들에게 생산 과정에서 필요한 자금(생산물 판매 이전에 지급할 임금)을 현금으로 대출해 주는 것이지 밭 주인들의 손실을 보상해 주는 것이 아니었다. 그건 생각할 수도 없는 일이다, 대출금 상환을 엄격하게 통

제하지 않으면 혼란에 빠진 민간기업에 대한 통제는 불가
능해질 것이고 그렇게 되면 모든 것이 제멋대로 굴러가게
될 것이라는 게 카두크의 논리였다.

　카두크는 상환되지 못한 대출금의 액수가 수확량이 낮
은 밭의 주인들이 입은 손실과 일치한다는 사실을 깨달았
다. 이는 수확량이 높은 밭의 주인들이 얻은 이윤과도 일
치했다. 중앙은행으로 반환되지 않은 화폐들은 이윤을
낸 카렌토크들의 금고에 있는데, 정작 그만큼의 돈을 은
행에 돌려줘야 하는 것은 손실을 본 카렌토크들이었다.
이 문제를 해결하기 위해 카두크는 새로운 법을 선포했
다. 손실을 본 카렌토크들은 중앙은행 대출금을 상환하
기 위해 이윤을 낸 카렌토크들에게 밭의 일부를 팔거나 상
황이 나아질 때까지 그들에게 빚을 지는 것 사이에서 선택
을 해야 했다. 결과는 어땠을까? 카렌토크들은 이전보다
더 큰 혼란에 휩싸였고 분노했다. 어쨌든 중앙은행은 대
출금을 모두 상환 받을 수 있게 됐지만 말이다.

　해피스톤은 이 상황을 지켜보면서 중앙은행의 입장에
서 보면 모든 것이 정상적으로 돌아가게 되었지만 그 외
나머지는 제대로 굴러가는 게 하나도 없다는 사실을 인정

"은행이 상환 받지 못한 돈"
= 수확량이 낮은 밭 주인들이
　입은 손실
= 수확량이 높은 밭 주인들의 이윤

해야 했다. 해피스톤은 1주, 2주가 지나면서 토암바의 경제가 몰락을 향해 가는 모습을 무기력하게 바라 봐야만 했다. 그는 상황을 냉정하게 바라볼 수 있게 되었을 때, 이윤이 사라진 것에 대한 책임이 모두 자신에게 있다는 생각을 하기에 이르렀다. 그러나 어떤 강력한 힘이 그 생각을 방해했다. 해피스톤은 자신이 작동시킨 원리에 오히려 자신이 희생 당하고 있다고 느꼈다. 중압감이 그를 짓눌렀다. 이 중압감은 한편으로는 물리적 빈곤에서 온 것(토암바 인들의 관대한 태도는 어느덧 싸늘히 식어 버렸고 아이들도 더 이상 놀러오지 않았다)이었고 다른 한편으로는 막다른 골목으로 치닫고 있다는 생각에서 온 것이기도 했다. 해피스톤은 점점 더 자주 진정제 효과가 있는 약초를 씹었다. 약초 덕분에 머리가 조금 맑아진 그는 사라진 이윤이 다시 돌아올 수는 없다는 사실을 '분명히' 인식할 수 있었다. 밭 주인의 수입이 노동자의 지출에만 의지하는 한 그들의 수입은 작물을 생산하기 위해 투입한 비용을 절대 넘어설 수 없었다. 생산비와 임금이 동일하기 때문이다.

이윤은 다시 돌아올 수 없다!

　"아무것도 사라지지 않으며, 아무것도 생겨나지 않는다." 그는 혼자말로 중얼거렸다. 그는 뒷부분이 문제의 핵심이라고 생각했다!

어느 날 저녁 해피스톤은 부갱빌과 함께 사무실을 나와 숙소로 향하던 길에 카두크와 마주쳤다. 카두크는 마치 도망치는 사람을 막아서듯 해피스톤을 붙잡았다. 더 정확히 말하면 해피스톤의 회피하는 듯한 태도에 항의하는 것 같았다. 최근 들어 해피스톤은 자주 그런 태도를 보이고 있었다.

"긴급회의를 소집해야 합니다. 해피스톤 씨, 사태가 얼마나 심각한지 아셔야 합니다. 사회 전체가 동요하고 있어요. 이대로 아무 조치도 취하지 않으면 어떤 사태가 발생할지 모릅니다. 먼저 여론을 진정시켜야 해요. 오늘 저녁에 당장 얘기를 나눌 수 있을까요? 중대한 결정을 내려야 합니다. 아니면 사람들을 진정시킬 만한 발표를 준비해야 해요. 발라 의식 책임자 사토암과 함께 찾아뵙죠. 영어를 할 줄 아는 칼도크도 데려가겠습니다." 카두크가 강경한 태도로 말했다.

"알겠습니다. 한 시간 뒤에 뵙죠." 해피스톤은 무기력한 목소리로 대답했다.

숙소로 돌아온 해피스톤은 초췌한 모습을 보이고 싶지

않아 면도를 했다. 그리고 약초를 씹었다. 회의 대표단은 약속 시간보다 30분 일찍 도착했다. 부갱빌이 손님들에게 차를 대접했고 카두크는 자리에 앉자마자 회의의 목적을 설명했다.

"지난 몇 주간 우리가 목격한 경제적, 사회적, 정치적 문제에 대한 해결책을 찾아야 합니다. 일일이 상황을 설명하지 않아도 되겠지요?" 그는 짐짓 질문하는 표정으로 좌중을 훑어봤다. 그리고 계속 말을 이었다. "한 가지 드리고 싶은 말씀은, 토암바 섬 역사상 우리가 이보다 더 심각한 위기를 겪은 적은 없었다는 사실입니다. 만약 이 위기가 지속되면 우리 운명도 끝장날 것입니다."

그가 말한 '우리'는 토암바 섬 전체 주민이라기보다는 회의에 참석한 사람들을 지칭하고 있는 게 분명했다.

"카두크께서 상황을 가장 객관적으로 볼 수 있는 것 같군요." 해피스톤은 카두크의 말에 동의하는 동시에 먼저 발언할 권리를 주겠다는 의미로 말했다.

"토암바 섬이 직면한 경제적 위기의 핵심은 이윤이 사라졌다는 것입니다. 노동자들을 고용하여 밭을 경작하는 중요한 임무를 맡은 기업주들이 이윤을 창출하지 못하는 데 개인이 번영을 누릴 수 있다고 생각할 사람은 아무도 없을 것입니다." 카두크가 입을 열었다.

"장기적인 번영을 위한 조건 중 하나지요." 해피스톤이 끼어들었다.

"장기적인 번영뿐만 아니라 단기적으로도 그렇습니다. 우리가 갑자기 겪게 된 이 문제만 해도 그렇지요. 카렌토크들의 인내심은 한계에 다다랐습니다. 그들은 더 이상 이윤을 내지 못하는 밭을 경작하지 않겠다며 엄포를 놓고 있습니다. 이윤을 낼 수 있는 밭만 경작해서 이윤의 일부라도 건지겠다는 게 그들의 생각입니다." 카두크가 말했다.

"1번에서 10번 밭을 말하는 거겠죠. 그들 입장에서는 지극히 당연한 생각입니다. 당연해요" 해피스톤은 한숨을 내쉬며 말했다.

"물론 개인 입장에서는 당연한 반응이라고 하더라도 사회적인 차원에서 보면 그 결과는 매우 심각한 일일 수 있습니다." 카두크는 잠시 말을 멈추고 해피스톤의 눈치를 살폈다. 계속 말해도 되는지 확인하려는 것 같았지만 사실 요식 행위에 불과했다.

카두크는 말을 이었다. "현재로서는 새로운 시스템의 혜택을 가장 많이 받는 쪽은 노동자들입니다. 그들은 거의 모든 작물을 소비하고 있지만 카렌토크 몫으로는 아무것도 없습니다. 그러나 노동자들 역시 나중에는 이로 인해 피해를 입게 될 것입니다. 카렌토크들이 절반에 달하는 밭의 경작을 포기하면 노동자들의 절반은 실업자로 전락할 테고 전체 주민들은 식량이 반으로 줄어 고통 받게 될 것입니다."

"그 상황은 피해야 합니다. 그 시나리오대로 간다고 해도 실질적으로 이윤을 얻을 수는 없을 테니까요." 해피스톤은 단호하게 말했다.

해피스톤은 이 문제에 대해 깊이 생각해 본 건 아니었지만, 어쨌든 고민하고 있다는 인상을 줄 필요가 있다고 생각했다.

"저도 그렇게 생각합니다." 카두크가 결연한 어조로 대답했다. 그 점에 대해서만은 확신한다는 표정이었다.

해피스톤은 카두크의 설명을 기다렸지만 카두크는 잠자코 있었다. 카두크는 수확량이 낮은 밭의 경작을 중단하는 것이 이윤을 회복하는 데 도움이 되지 않는 이유를 알고 있는 것 같았지만 아무 말이 없었다. 해피스톤은 서로의 의중을 짐작하는 게임에 말려들어 꿀 먹은 벙어리 역할을 맡고 싶지 않았다. 그는 카두크가 마음에 품고 있는 해결책을 실토하게끔 하는 편을 택했다. 물론 그를 추종한다는 인상은 피하면서 말이다.

"역시 카두크께서는 생각해 둔 해결책이 있을 것 같은데요." '역시'라는 말은 철저하게 계산된 발언이었다. 그러나 이 말을 부갱빌이 토암바 어로 제대로 전달할 수 있을지를 확신할 수가 없었다. 더욱이 칼도크가 중간중간 내용을 보충하거나 부갱빌의 통역을 정정해 주고 있던 터였다.

"제 해결책은 간단합니다. 원리상으로만 보자면요." 카두크가 대답했다. 그러고는 발라 의식의 책임자 사토암을 돌아봤다. "사토암과 의논한 결과, 임금을 인하하는 것이 진정한 해결책이라는 결론을 얻었습니다." 이 말을 하고 한참 동안 침묵을 지키던 카두크는 다시 입을 열었다. "이윤이 너무 적다는 것(전체적으로 보면 사라진 이윤)은 임금이 너무 높다는 것을 뜻합니다."

이제 대화에 낄 수 있다고 생각했는지 사토암이 말을 이었다. "그 증거로, 화폐 경제를 도입한 뒤로 노동자들의

진정한 해결책은 임금 인하 뿐인가?

실질 임금이 향상됐습니다. 작물 1kg 당 가격이 80센트로 떨어졌기 때문에 노동자 한 사람이 주급 4토픽으로 5kg의 작물을 구입할 수 있게 되었습니다. 예전에는 타로 4kg을 주급으로 받았으니 실질 임금이 25% 인상된 셈입니다!"

1kg = 80센트
5kg = 4토픽(원래 임금)
→ 실질 임금 25% 인상

"그 인상분은 사라진 카렌토크들의 이윤과 정확히 일치하죠. 현물을 기준으로 봤을 때 각 노동자들의 임금이 1kg 인상되었으므로 카렌토크들에게 가야 할 이윤 20kg이 20명의 노동자에게 간 셈이죠." 대화에 흥미를 느끼기 시작한 해피스톤이 그를 거들었다.

"따라서 임금을 인하하면 됩니다." 사토암은 찻잔을 내려놓고 입가를 훔치며 말했다.

"그것도 방법이 될 수는 있겠죠." 해피스톤은 신중하게 대꾸했다.

해피스톤은 칼도크가 그에게만 보이게끔 입을 삐죽거리는 것을 보았다. 하지만 그 신호를 어떻게 해석해야 할지 몰랐다. 방금 제시된 해결책이 마음에 안 든다는 건가? 아니면 노동자들에 대한 연민 때문에 이 해결책에 동의할 수 없다는 건가? 해피스톤의 입장에서는 이 해결책의 시행을 망설일 이유가 없었다. 그가 배운 경제학에 따르면, 시장 경제에서 상품 가격이나 임금의 경직성은 정상적인 조절 기능을 방해하는 요소가 될 수 있다. 지금 겪고 있는 문제 역시 같은 맥락에서 이해할 수 있을 것이다. 그러나 임금 인하가 가져올 결과를 예상할 수 없는 상태에서 이를 전적으로 동의할 수만은 없는 노릇이었다. 솔직히 해피스톤은 카두크와 사토암에게 책임지고 모든 일을 진행하라고 말하고 싶었다. 그는 현재의 사회적 위기에 대한 대응책을 서둘러 마련해야 한다는 것을 잘 알고 있었다. 그러나 그들이 제시한 해결책이 어떤 효과를 낼지는 알 수 없었다. 일단 그 해결책을 받아들이는 것이 유리할 수도 있었다. 그를 압도하는 위협적인 상황 속에서 상황 파악이 가능할 때까지 시간을 벌 수는 있을 것이다. 그러나 해피스톤은 뒷걸음질 치고 있다는 인상을 주고 싶지 않았다. 그는 자연스럽게 다음 질문을 함으로써 상대에게 발언권을 넘겼다. "어떤 식으로 임금을 인하하실 생각입니까?"

"그것도 생각해 봤습니다. 원칙적으로 노동자들이 임금을 다시 정하는 것에 대해 불만은 없을 겁니다. 이전에 타

로 4kg을 받고 일했으니까요. 갑자기 그들 마음이 변한
건 아니라는 얘기죠(그는 호흡을 가다듬었다). 따라서 발
라 의식을 통해 해결할 생각입니다. 노동자들은 작물 가
격이 인하되었다는 사실(1kg 당 80센트)을 현실적으로 인
식해야 합니다. 결과적으로 작물 4kg의 가격은 화폐로 계
산하면 3.2토픽이 됩니다. 만약 해피스톤 씨가 말한 대로
노동자들이 '1토픽은 작물 1kg'이라는 등식에서 벗어날
수 있다면 3.2토픽의 임금으로 노동자 20명을 고용하는
것이 가능해질 것입니다." 사토암은 차를 한 모금 마신 뒤
맑아진 목소리로 대답했다.

"화폐에 대한 환상에서 벗어나야 합니다." 해피스톤은
학자연한 말투로 사토암의 말에 동의했다. 상황을 정확
히 파악하고 있다는 인상을 주기 위해서였다. "임금이 화
폐 형태로 지급되기 때문에 화폐의 실제 가치에 대한 환상
을 버려야 하는 것은 아닙니다. 노동자들에게 중요한 것
은 자신들이 가진 돈의 실질적인 구매력입니다. 만약 작
물의 가격이 80센트로 유지된다면 노동자들은 3.2토픽의
임금으로 전과 같은 양의 작물을 구매할 수 있습니다. 그
럼 임금을 3.2토픽으로 인하하기 위해 구체적으로 어떻게

1kg = 80센트
4kg = 3.2토픽
(원래 임금)

하실 생각입니까?" 해피스톤은 상대에게 확실하게 바통을 넘기기 위해서 교묘하게 질문을 던졌다.

카두크와 사토암은 먼저 대답하려고 서로 눈치를 살폈다. 이 마지막 도전을 통과할 수 있다는 확신에 찬 두 사람은 흥분한 기색이 역력했다. 그들의 기뻐하는 표정은 해피스톤이 넘긴 바통을 얼씨구나 하고 받아들였다는 증거이기도 했다.

"아까 말씀드린 대로 위대한 발라 의식을 통해 해결할 수 있을 것입니다." 카두크가 사토암을 제치고 말을 꺼냈다. "일단 노동자들이 실질적인 가치(구매력)를 기준으로 사고할 수 있다면 나머지는 카렌토크들이 합리적으로 해결할 수 있을 겁니다. 임금이 3.2토픽까지 떨어지면 카렌토크들은 기꺼이 노동자 스무 명을 고용할 것입니다. 작물의 가격이 1kg 당 80센트라는 사실은 이미 알고 있으니까요. 너무 잘 알아서 탈이지요. 따라서 스무 개의 밭을 경작할 수 있으려면 실질 임금은 다시 작물 4kg이 되어야 합니다. 그러면 20번 밭도 조금은 이윤을 낼 수 있을 것입니다. 20번 밭의 생산량은 4.05kg입니다. 1kg 당 80센트 가격으로 모든 작물을 판매할 경우, 수입은 3.24토픽이

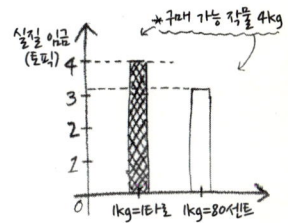

됩니다. 생산비로 3.2토픽(노동자에게 지급하는 주급)이 지출된다고 가정하면 조금의 이윤이 남는 셈이지요. 수확량이 좋은 다른 밭들 역시 예전과 같은 수준의 이윤을 회복할 수 있게 될 것입니다!"

"무슨 말씀인지 잘 알겠습니다. 충분히 고민해서 세운 계획인 것 같군요. 그 계획에 전적으로 찬성합니다. 그런데 임금이 3.2토픽으로 인하된다는 것을 누가 보증할 수 있습니까?" 해피스톤은 카두크를 보며 질문했다.

해피스톤은 순진함을 가장했다. 상대방이 마지막 승리감에 도취되어 자발적으로 책임을 떠안도록 하기 위한 술책이었다.

"누가 보증하냐고요? 그게 발라 의식의 궁극적인 목적입니다! 사토암은 노동의 공급과 수요가 일치할 때까지 임금을 내립니다. 만약 카렌토크들과 노동자들이 임금의 실질 가치를 기준으로 화폐 기준 단위를 계산할 수 있다면 예전처럼 공급과 수요의 일치가 가능해질 것입니다. 다시 말해, 작물 가격이 1kg당 80센트라는 사실을 염두해두면 실질 임금이 3.2토픽, 즉 작물 4kg이 될 때 일치될 수 있다는 거죠." 카두크는 자신감에 차서 말을 이었다.

1kg=1달로	실질 임금 4토픽(구매 가능 작물 4kg)
1kg=80센트	실질 임금 3.2토픽(구매 가능 작물 4kg)

"좋습니다. 모두 수고 많으셨습니다. 성공적인 회의였습니다. 그리고 어떤 방향으로 가야 할지 정확히 파악하고 계시는 것 같아 무척 기쁩니다." 해피스톤은 회의를 마무리하면서 자리에서 일어섰다. 그리고 농담조로 한 마디를 덧붙였다. "이제 저 없이도 잘 해내실 수 있을 것 같군요." 회의를 마치면서 그들의 기분을 띄워 주기 위한 것만은 아니었다.

Sashut

해피스톤의 고난

토암바 인들이 '이제 자신이 없어도 잘할 수 있으리라'고 했던 해피스톤의 예견은 적중했다. 회의가 끝나고 3주도 채 안 되어 절망적으로 돌변한 상황에서 토암바 인들은 그의 예견을 정반대의 의미로 실현했다. 해피스톤을 제거해 버려야겠다고 생각했다면 정말 그렇게 했을지도 모른다.

닷새 전부터 해피스톤은 주민 회관 1층에 마련된 새 '거처'에서 지냈다. 정확히 말하면, 건물 1층과 지면 사이에 있는, 천장이 낮은 반지하였다. 토암바 섬 대부분의 건물은 몇 개의 기둥 위에 지어졌기 때문에 건물마다 그런 빈 공간이 있었다. 바로 그곳이 해피스톤의 새로운 거처였다. 주민 회관이 큰 건물이어서 면적은 넓은 편이었지만

천장이 워낙 낮아서 간신히 무릎을 꿇을 수 있을 정도였
다. 해피스톤의 발목에는 땅속 깊이 박힌 나무 말뚝과 연
결된 쇠고랑이 채워져 있었다. 그리고 그가 손을 뻗으면
식민지 시절 유산이 분명한 형벌 도구들이 만져졌다.

해피스톤은 폭동이 잦아지던 토암바에서 큰 반란이 있
던 날 저녁, 숙소에 있다 사람들에게 붙잡혀 이곳으로 이
송되었다. 그 뒤로 이 주변에 얼씬거리는 사람은 아무도
없었다. 하루에 두 번, 코코넛 껍질 그릇에 으깬 타로를
담아 오는 노동자의 아내들이 그가 볼 수 있는 유일한 사
람이었다. 같은 사람이 두 번 오는 일은 없었고, 아주 가
끔 해피스톤을 구경하러 오는 아이들이 있었다. 완벽하게
바깥 세계와 분리되어 무슨 일이 벌어졌는지 알 길이 없었
다. 부갱빌의 안부도 궁금했다. 해피스톤이 체포될 때 부
갱빌은 숙소에 없었다. 그도 어딘가에 갇혀 있을까?

해피스톤은 이런 상황이 닥치면 인간이 얼마나 금방 동
물의 모습으로 변하는지 깨닫고 좌절했다. 고작 닷새 만
에 그의 육체는 고통을 느끼는 덩어리가 되었다. 맨바닥
에서 자고, 네 발로 기어 다니는 동안 그의 몸은 땀과 습
기, 먼지로 인해 퀴퀴한 냄새를 풍겼다. 얼굴은 수염으로

뒤덮였고 머리는 가려웠으며, 손과 발이 구분되지 않았다.

말짱하지 않은 건 정신도 마찬가지였다. 어떻게 된 일인지 생각해 볼 힘도 없었다. 예전에 해변에서 칼도크가 했던 불길한 경고가 떠올랐다. "지난번 IMF 전문가에게 단일 생산물 문제를 해결해 달라고 했었지만, 그 결과는 한마디로 엉망진창이었어요. 토암바 사회 전체가 몰락할 뻔했죠. 전문가들도 끝이 좋지 않았고요."

해피스톤은 다만 마지막이 너무 고통스럽지 않기만을 바랐다. 이대로 쇠사슬에 묶여 죽어야 한다면 더 극심한 고통이 있기 전에 의식을 잃게 해 달라고 기도했다. 그가 할 수 있는 유일한 일은, 지난 2주 동안 일어났던 일들을 생각해 보는 것이었다. 카두크의 계획은 희망적으로 보였지만 결국 다른 재앙을 불러왔다. 더 정확히, 처음의 재앙들을 바꾸지 못했다.

발라 의식은 예상대로 진행되었다. 카렌토크들과 노동자들은 1kg 당 작물 가격을 80센트로 잡아야 한다는 것을 정확히 이해했고 나머지는 모두 예전과 같은 방식으로 진행됐다. 사토암이 그 거창한 몸짓을 끝냈을 때 화폐 임금은 정확히 3.2토픽이었다. 임금 인하에 성공한 것이다.

이로써 의도대로 임금이 기존의 작물 4kg에 해당하는 실
질 임금으로 정해졌다.[*] 또한 카렌토크들도 실질 임금 회
복 덕분에 노동자 20명을 고용하여 20개의 밭을 경작할
수 있게 됐고 작물 20kg이 총 이윤으로 남게 되었다. 모
든 게 카두크의 예상대로 진행되었다. 적어도 작물 시장
이 열리기 전까지는…….

　수확이 끝나고 주말에는 늘 하던 대로 광장에 시장이
꾸려졌다. 카렌토크들은 중앙은행에서 노동자들에게 지
급할 임금 64토픽을 대출 받은 상태였다. 시장에 나온 노
동자들은 가격 흥정의 재미를 알아 버린 사람들이었고 판
매자들이 제시하는 1kg 당 80센트의 가격을 다 낼 필요
가 없다는 사실도 알고 있었다. 공급자와 수요자 사이에
팽팽한 긴장감이 감돌았다. 시장에 나온 작물은 총
100kg이었고, 그것을 소비할 수 있는 지불 능력은 노동
자들의 총 임금인 64토픽이었다. 따라서 기존 가격대로
판다면 작물을 다 팔 수 없었다. 이 사실을 모른다고 해
도 소비자들은 자신이 작물의 값을 내릴 수 있다는 사실
을 알았다. 그들은 자신의 이해관계에 따라 값이 싼 가게
를 찾아다녔고 값이 비싼 상점에는 파리가 날렸다. 결국

---

[*] 작물 가격이 1kg당 80센트일 때 3.2토픽으로 4kg의 작물을 구입할 수 있다.

손님들을 끌기 위해서는 값을 내려야 했고 그렇게 해서야 모든 작물들을 팔 수 있었다. 소비자들은 축제라도 벌이듯 이 가게, 저 가게로 몰려다니며 물건을 샀지만 판매자 쪽 분위기는 완전히 반대였다. 그들은 자신들이 궁지에 몰렸으며 물건을 다 팔기 위해서는 값을 내리는 것 말고는 다른 방법이 없다는 사실을 깨달았다. 즉, 가격 경쟁을 하는 한, 작물을 모두 팔기 위해 경쟁자들이 가격을 낮출 것이므로 자신도 가격을 내려야 한다는 것을 경험으로 터득했다. 또한 노동자들이 모든 작물들을 구입할 수 있을 정도까지 가격을 내리면, 경쟁자들이 무리하게 가격을 인하하더라도 문제되지 않는다는 사실도 깨달았다. 경험이 쌓일수록 가격 인하가 빨라졌다. 이제 작물 1kg 당 가격은 64센트였다. 경쟁으로 인해 가격이 작물 1kg 당 64 토픽이 되면 가격을 더 내릴 필요가 없었다. 그래도 소비자들에게는 이 작물들을 모두 구입할 돈이 있다는 것을 확신할 수 있었기 때문이다.

　결국 카렌토크 입장에서는 이전보다 나아진 게 없었다. 그들은 애초의 목적이었던 작물 총 100kg을 모두 판매할 수 있었지만 작물 1kg당 64센트에 판매했기 때문에 그 수

이제 1kg 당 가격은
"64센트!"

입으로 임금 비용을 감당하는 게 전부였다.[*] 카렌토크 전체를 기준으로 보면, 오직 노동자들이 지출하는 임금에만 의존해 물건을 팔아야 한다면 생산비보다, 즉 노동자들의 임금보다 비싼 가격으로 작물을 판다는 것은 애초부터 불가능한 일이었다! 따라서 불행하게도(해피스톤은 불행이라기보다는 거의 저주로 느꼈다) 이윤을 남긴다는 것은 불가능했다. 전체적으로 그렇다는 말이다. 일부 밭에서 얻은 이윤이 다른 밭의 손실로 상쇄됐다. 임금이 얼마가 됐든, 가능한 최대로 임금을 낮추더라도, 기업 수입이 노동자들의 임금 지출에만 의존한다면 화폐 이윤을 남길 수 없다. 노동자들에게 지급된 임금이 생산비와 동일하기 때문이다! 따라서 전체적인 관점에서 봤을 때 임금 인하는 이윤에 아무런 영향도 미치지 못한다!

해피스톤은 이 결론을 확인할 때마다 입술을 깨물었다. 카두크가 임금 인하를 해결책으로 들고 나오기 전부터 그는 이미 이 결론에 도달했었다. 그는 자신의 노트에 이렇게 썼었다. "소비재만을 생산하는 화폐 경제에서는 화폐 이윤이 존재할 수 없다." 지금 와서 생각해 보니 이렇게 써 놓고도 자신의 결론을 완전히 믿지 못했던 것이다.

---

[*] 작물 1kg 당 64센트로 100kg을 판매할 경우, 총 수익은 64토픽이 된다. 노동자들에게 지급된 총 임금과 동일한 금액이다.

그가 배웠던 그 어떤 이론과도 다른 그 결론을 받아들이기 위해서는 생각을 정리할 더 많은 시간이 필요했다.

카두크의 계획을 그렇게 무기력하게 받아들였던 것도 생각할 시간을 벌기 위해서였다. 해피스톤은 전혀 의외의 방식으로, 본의 아니게 이 모든 것에 대해서 천천히 생각해 볼 충분한 시간을 갖게 되었다. 그는 쇠고랑을 찬 채로 자신이 살 수 있을지 없을지도 모른 채 이 결론을 신중하게 검토했다. 그리고 마침내 이 결론을 받아들일 수 있게 되었다. 하지만 이제 와서 그게 무슨 소용인가. 이 지적知的 성취는 그를 감옥에서 풀어 줄 힘이 없었다. 지칠 대로 지친 그는 죽을 날만 기다리고 있었다.

스무 날이나 지났을까?(정말 스무 날인지는 알 수 없지만) 해피스톤은 죽음의 문턱까지 왔다고 생각했다. 뜬눈으로 밤을 보내면서 그의 몸은 뻣뻣하게 굳어 가고 있었다. 한밤중에 뱀 두 마리와 사투를 벌인 뒤로 제대로 잠을 잘 수 없었던 것이다. 말이 뜬눈이지 말라붙은 눈물과 두껍게 들러붙은 먼지, 눈에서 입까지 갈라진 틈새로 새어 나오는 고름 등이 엉겨 붙어 얼굴에서 눈을 찾기 어려웠다. 손은 온통 갈라지고 씻지 못해 손인지 발인지 구분이 안 되

었으므로 눈을 비빌 수도 없었다. 입을 조금만 크게 벌리
면 두 쪽으로 갈라져 버릴 것 같아 입술도 움직일 수가 없
었다. 사람들이 음식을 가져다주기는 했지만 건드릴 엄두
도 내지 못했다.

이런 상태였으니 지상에서 영어가 들렸을 때 헛것을 들
었다고 생각한 것도 무리는 아니었다. 그러나 헛것이 아
니었다. 칼도크였다. 그녀는 해피스톤이 자신의 말을 들
을 수 있도록 고개를 숙인 채 그를 부르고 있었다. 엉겨
붙은 눈꺼풀 때문에 앞이 보이지는 않았지만 해피스톤은
칼도크의 검은색 단발머리를 상상할 수 있었다.

"해피스톤 씨, 당신을 면회해도 된다고 허락을 받았어
요. 제 말 들려요?"

"으음." 해피스톤은 신음소리를 냈다.

"당신에 대한 형을 유예해 달라고 부탁했어요"

해피스톤은 몸을 떨었다. 그녀의 말에 안심과 불안감
이 동시에 몰려왔다.

"나는 카두크의 신임을 얻었고, 함께 새로운 계획을 세
웠어요. 당신이 시도하려던 다원화된 상품 생산을 위한
화폐 경제를 실현할 수 있는 마지막 기회예요." 칼도크가

계속 말했다.

해피스톤은 그녀의 말을 듣고 있다는 신호로 머리를 끄덕였다.

"저는 당신이 일을 추진하는 방식이 옳다고 믿었어요. 은행과 화폐 지불 시스템이 아무 문제없이 돌아가고, 은행의 재정도 정상적으로 운영되고 있어요. 카렌토크들은 기한에 맞춰서 꼬박꼬박 대출금을 상환하고 있고 모든 경제 주체들이 화폐를 기준으로 사고하는 방식에 익숙해졌어요. 굳이 문제를 찾자면, 이윤이 사라졌다는 것이죠."

"네." 마치 말을 처음 배우는 사람처럼 해피스톤은 온 힘을 다 짜내어 대답했다.

"그런데 카두크와 제가 해결책을 찾아냈어요. 우리는 투자를 하면 이 문제를 해결할 수 있다고 생각했어요. 카두크와 제가 이 해결책을 찾아낸 이유는 서로 다르지만요. 어쨌든 자세한 얘기는 나중에 하고, 우리는 기업의 투자 없는 자본주의 경제가 제대로 작동할 수 없다는 사실에 동의해요."

해피스톤의 눈이 번쩍였다. 그는 칼도크의 말이 얼마나 중요한지 잘 알고 있었다. 어떤 면에서 그는 항상 그 생각에 동의하고 있었다. 다만 긍정적인 방식으로 그것을 끄집어낼 수 없었을 뿐이라고 생각했다. 그렇게 생각한 것은 갑자기 신경회로망이 작동했기 때문도 아니고 자만심 때문도 아니었다. 그는 정말로 그렇게 생각하고 있었다. 다만 적절하게 말로 표현하지 못했을 뿐이다. 지금도 그는 다른 이유 때문이지만 말을 할 수 없는 상태였다. 칼도크는 해피스톤의 대답을 기다리지 않고 말을 이었다.

"제가 자본재* 생산 부문을 창출할 책임을 맡게 됐어요. 더 자세한 얘기는 당신이 회복된 다음에 하죠. 일단은 제가 카두크에게 충실히 협조한다는 조건으로 당신에 대한 처벌을 중단하겠다는 약속을 받았어요. 곧 여길 벗어나게 될 거고, 사람들이 보살펴 줄 거예요."

해피스톤은 뭔가 할 말이 있다는 신호를 보냈다. 칼도크는 가능한 해피스톤 가까이에서 들으려고 고개를 숙였다.

"부갱빌은요?" 해피스톤은 간신히 소리를 냈다.

"부갱빌이요? 아주 잘 있어요. 사람들 주변을 계속 맴돌면서 토암바의 집들을 스케치하고 밭과 가축의 사진을 찍으면서 지내요. 카누를 어떻게 건조하는지, 호수 축제

---

* 인간의 욕망을 직접 충족시키는 최종재인 소비재의 생산 과정에서 노동과 토지를 제외한 재화를 말한다. 생산재는 기본적으로 토지를 포함하고 넓은 의미에서 노동까지 포함하기도 한다. 하지만 자본재는 이를 제외한, 소비재와 대립되는 개념으로 인간에 의해서 생산된 생산 수단 또는 중간 생산물이라는 점에서 중간재라고도 한다. 투자의 대상이 된다는 점에서 투자재라고도 한다. 이 책에서 번갈아 가며 등장하는 자본재 혹은 투자재는 동일한 의미로 봐도 무방하다.

때 어떻게 공동 낚시를 하는지, 어망은 누가 수리하는
지…… 질문이 끝이 없어요. 누가 누구와 결혼했고, 누가
누구 자식이고, 누가 아이들을 돌보고 가르치는지, 누가
누구와 함께 살고 있고, 밥은 어떻게 먹는지 묻고 다녀요.
마치 이곳 가족제도에 대해 전부 알고 싶어 하는 것 같아
요. 자기 나라로 돌아가서 새로운 가족제도를 만드는 건
아닌지 모르겠어요."

　해피스톤은 칼도크의 목소리에서 비웃는 듯한 느낌을
받았다.

투자와 이윤의 회복

지하에서 지상으로 올라간 해피스톤은 육체적으로 정신
적으로 급속히 회복되었다. 운신이 자유로운 정도는 아
니었지만 인간으로 보일 만큼은 되었으니, 곧 자리에서 일
어나 돌아다닐 수 있을 터였다.

　사람들은 해피스톤을 위해 주민 회관 안쪽에 거처를 마
련해 주었다. 원래 있던 공간에서 버들가지를 엮어 만든
병풍으로 구분해 놓은 것이어서 애초에 사생활 보호 같은
것은 기대할 수 없었다. 해피스톤은 고운 모래 위에 망고
잎으로 짠 돗자리를 깔고 잤다. 대신 그는 다양한 종류의
음식을 맛볼 수 있었다. 다양해진 생산 작물들을 이용해
서 여러 가지 요리들을 시도하는 것 같았는데 맛은 나쁘

지 않았다.

주민 회관에서 지낸 지 나흘째, 해피스톤은 몇몇 카렌 토크들을 따라 외출할 수 있을 정도로 회복되었다. 면도 와 세수를 할 수 있게 된 해피스톤은 점차 사람의 형상을 되찾고 있었다. 한 가지 아쉬운 점은 부갱빌이 없으니 토 암바 인들과 자유롭게 의사소통을 할 수 없다는 것이었 다. 그들의 말에 고개를 끄덕이거나 미소를 짓는 게 전부 였다. 때로는 그것만으로도 상대방이 선의를 가지고 있다 고 안심하기에 충분했지만 말이다.

부갱빌과 카두크, 사토암, 사슈트는 아직 만나지 못했 다. 칼도크도 그뒤로는 아직 오지 않았다. 해피스톤은 누구라도 자신에게 지금 상황에 대해서 설명해 주기를 바 랐다. 더 이상 흉악한 죄수 취급을 받는 것 같진 않았지 만 자신이 지금 감옥 병원에 있는 건지, 요양원에 있는 것 인지는 알 수 없었다. 혹은 가석방 상태에서 치료를 받고 있거나, 아니면 완전히 석방됐는데 자신만 모르고 있는 건지도 몰랐다.

일주일 뒤 마침내 칼도크가 해피스톤을 찾아왔다. 그 녀는 토암바의 경제 상황과 해피스톤의 개인적 상황에 대

토암바의 경제 상황과 해피스톤의 개인적 상황 → 일심동체!

해 자세히 설명해 주었다. 해피스톤은 지금까지의 경험을 통해 그 두 가지가 긴밀하게 관련되어 있다는 사실을 깨닫게 되었다.

"당신을 다시 보게 되어 기뻐요. 많이 좋아진 것 같아요." 칼도크는 부갱빌이 보냈다며 팜유에 튀긴 생선을 내밀었다.

"좋아지는 게 당연하겠죠." 해피스톤이 무뚝뚝하게 대답했다.

일부러 퉁명스럽게 군 건 아니었다. 조금은 유머를 구사할 수 있을 만큼 회복했다는 뜻이었지만 그 의도가 제대로 전해졌는지는 알 수 없었다.

"지금까지의 상황에 대해서 간단히 말씀드릴게요. 상황이 조금씩 정리되고 있어요. 신기하게도 우리가 예상했던 것보다 빨리 효과가 나타나고 있어요. 여기에서 '우리'는 저와 오빠 카두크예요. 저는 일단 투자가 시작되면 상황이 매우 빨리 호전될 것이라고 예상했거든요."

짧게 말한다고는 했지만, 해피스톤에게는 여전히 칼도크의 말이 아리송하게 들렸다.

"그 소식에 가장 먼저 기뻐할 사람은 바로 접니다." 해

피스톤이 대답했다. 그의 관심은 토암바 인들의 운명만이
아니었다.

"건강이 완전히 회복되면, 토암바 섬 경제에 자본재 생
산 부문을 도입한 뒤로 어떤 변화가 생겼는지 함께 보러
갈 수 있을 거예요."

이 말을 들은 해피스톤이 재빨리 끼어들었다.

"내가 당신과 함께 돌아다녀도 괜찮은 건가요? 아니면
죄수에게 허가된 외출인가요?"

"현재로서는 안심하셔도 돼. 당신은 이제 자유예요."
칼도크가 놀리는 투로 대답했다.

해피스톤은 '현재로서는'이라는 말의 의미를 가늠해 보
았다.

"앞으로 사나흘이면 완전히 회복될 것 같은데 그럼 엿
새 뒤에 뵐 수 있나요?" 해피스톤은 약속을 앞당기려고 과
장해서 말했다.

칼도크는 대답 대신 의미심장한 미소만 지었다. 그 뜻
이 '당신에게 빨리 결과를 보여 주고 싶어요'인지 '정 그렇
다면 원하는 대로 하시죠'인지 알 수 없었다.

그녀가 웃으며 작별인사를 하려는 순간 해피스톤은 그

녀에게 잠깐 기다리라는 손짓을 했다. 무심코 그녀의 팔을 붙잡으려 했지만 순간 멈칫하고는 손을 내렸다.

"그런데, 칼도크 씨, 어떻게 그렇게 영어를 모국어처럼 잘할 수 있게 됐나요?" 해피스톤은 불쑥 질문을 던졌다.

해피스톤은 질문을 던져 놓고 무례한 건 아닌지 짐짓 걱정이 되었다. 예전에 칼도크가 해변에서 그에게 말을 건 뒤(칼도크가 토암바 섬에 파견된 전문가들의 운명에 대해 말해 준 그 날부터) 그 질문이 계속 머릿속을 맴돌았지만 어떻게 물어야 할지 몰라 망설이다 이렇게 기회를 잡은 것이다. 그는 조심스럽게 묻고 있다는 느낌을 주기 위해 다소 떨리는 음성을 가장했다.

칼도크는 당황하지 않았다. 오히려 그 질문을 해주기를 기다리고 있었던 것 같았다.

"숨길 일은 아니에요. 당신의 질문 속에 답이 있어요. 제 어머니는 캘리포니아 출신이에요. 그러니까 영어는 모국어인 셈이죠." 칼도크는 예의를 잃지 않으면서도 적당히 허물없는 태도를 취했다.

"어머니가 미국……!" 해피스톤이 깜짝 놀라 외쳤다. (사실은 "캘리포니아 출신?"이라고 물을 뻔했다.)

"제 어머니는 마지막 히피 세대였어요. 1980년대에 어머니는 친구들과 함께 토암바에 왔어요. '새로운 세상'을 구경하고 싶어서요. 토암바가 마음에 든 어머니는 혼자 이곳에 남았고 사슈트 왕과 결혼해 세 번째 부인이 되었어요." 칼도크는 대수롭지 않다는 듯 말했다.

"그 사이에서 당신이 태어난 거군요." 당연한 소리였지만 해피스톤은 그녀의 말에 호응하는 차원에서 덧붙였다.

"네. 저를 키우다가 제가 열 살이 되던 해에 미국으로 가셨어요. 그러니까 어머니를 보지 못한지 10년이 됐네요. 이곳에서의 생활도, 아이를 키우는 일도 어머니에게는 어울리지 않는 일이었던 것 같아요."

"어쨌든 당신에게 영어를 가르쳐 주셨잖아요." 해피스톤은 세상이 부정적인 것만은 아니라고 위로하는 신문기자처럼 말했다.

"그래요. 어머니와 함께했던 시간들이 제게는 소중한 추억이에요. 나중에 기회가 되면 어떻게 영어로 읽고 쓰는 법을 배웠는지 말씀해 드리죠." 자리에서 일어선 그녀는 아리송한 말을 남긴 채 오늘 대화는 여기까지라는 의미로 살짝 고개 숙여 인사했다.

날이 갈수록 해피스톤의 마음은 조급해졌다. 어떤 방식으로 토암바 섬 경제에 자본재 생산 부문이 도입되었고 그 결과가 어떤지 하루라도 빨리 보고 싶었다. 무엇보다 칼도크가 보고 싶었다. 그녀가 예전보다 더 가깝게 느껴졌다. 해피스톤은 마음을 진정시키기 위해 칼도크가 투자에 대해 얘기한 순간부터 흥미를 끌었던 지적인 문제들에 집중하려고 노력했다. 칼도크와 카두크는 어떻게 그런 해결책을 생각해 낸 것일까? 투자와 이윤은 어떤 관계가 있는 것일까? 투자가 어떤 식으로든 이윤의 원천이 될 수 있다는 말인가?

해피스톤은 이 질문들에 대답하기 위해 상식선에서 생각해 보기로 했다. 그러나 이 상식을 어떻게 이론으로 설명할 수 있을지, 그리고 이것으로 이윤의 경제적 원천을 어떻게 설명할 수 있을지가 문제였다. 지금까지 그가 다뤄 온 이론들은 생산적 자본에 대한 투자와 이윤의 관계를 연관 지어 설명해 주지 않았다. 어쨌든 적어도 칼도크가 말한 의미와는 달랐다. 해피스톤이 잘 알고 있는 고전파 경제학과 신고전파 경제학에 따르면, 투자와 이윤은 후자가 전자를 촉진하는 관계이다. 이윤은 기업의 저축이 되고 이는 투자를 위한 가용 자금을 늘려 준다. 결과적으로 자금 조달 비용이 낮아져 투자가 촉진된다. 그러나 토암바 섬의 문제는 정확히 정반대였다. 이윤 자체가 사라진 것이다. 그리고 칼도크는 투자가 이윤을 회복하기 위한 해결책이라고 주장하고 있다.

해피스톤은 칼도크가 착각한 것이라고 믿고 그 문제에 대해 깊게 생각할 필요도 없다고 결론 내릴 뻔했다. 그러나 여러가지 측면에서 생각해 볼 때 그건 너무 경솔한 태도인 것 같았다. 우선 그가 칼도크라는 사람을 진지하게 받아들이기 시작했기 때문이었다. 처음에는 마음으로, 그리고 이제는 머리로도 그랬다. 다음으로 그 생각이 맞을 수도 있다는 생각이 들었고, 마지막으로 그의 목숨이 달린 중차대한 문제였기 때문이었다.

해피스톤은 연이어 발생하는 사건들에(이전까지는 사건을 일으키기만 하는 위치였지만) 의해 자신의 목숨이 좌우지되는 것을 원치 않았다. 따라서 이론적 성찰을 게을리 해서는 안 된다고 생각했다. 즉, 이 문제에 대한 자신만의 답을 찾을 필요가 있었다.

먼저 상식적으로 접근했다. 기업이 투자를 하는 이유는

당연히 이윤을 얻기 위해서이다. 경제학자인 해피스톤은
기업 경영인들을 만날 기회가 별로 없었다. 그렇지만 기업
인들이 지속적인 투자 지출을 통해 생산적 자본(기계, 건
물, 공구, 시설, 인프라, 특허권 등)을 늘려 가는 것이 그 설
비들로 인해 추가적인 이윤을 얻기 위해서라는 것쯤은 알
고 있었다. 따라서 투자와 이윤 사이에는 분명 연관성이
있었다. 여기까지는 상식선에서 확인할 수 있는 사실이었
다. 그러나 이를 넘어서, 투자가 어떻게 '그 자체로' 이윤
의 원천이 될 수 있는지를 설명하는 것은 아직 무리였다.

    투자가 이윤을 촉진한다는 것까지는 인정할 수 있었지
만 투자가 이윤의 '원천'이라는 말에는 쉽게 동의할 수 없
었다. 개별적인 기업의 관점에서 보면, 적절한 투자 지출
(기계 구입, 생산 프로세스 개선 등)은 생산 비용을 절감시키
고 상품의 질을 향상시킴으로써 수요자들로 하여금 해당
기업의 상품을 더 많이 구매하도록 만들어 더 큰 이윤을
남기게 된다. 경쟁자들보다 더 빨리 생산비를 낮출 수 있
다면(단위 생산물당 노동 시간 절약을 통해) 그들보다 싼 가
격에 상품을 팔 수 있을 것이고, 상품의 품질이 좋아지면
다른 상품들보다 더 큰 인기를 끌게 될 것이다. 요컨대,

투자 ←——→ 이윤
??
어떤관계?

기업의 추가적인 지출이 전체 소비자의 지출 중 좀 더 많은 부분을 끌어들임으로써 투자 지출을 상쇄할 만큼의(혹은 그 이상의) 추가적인 수익을 올리는 것은 충분히 가능한 일이다. 미시경제학적 관점에서 보면, 이는 충분히 납득할 수 있는 생각이다.

그러나 해피스톤은 이러한 관점(개별적 기업들이 서로 고립되어 있다는 전제)이 경제 전체로까지 확장될 수 없음을 금세 알아차렸다. 일단 이 개별 기업들이 모두 동일한 방식으로 움직인다고 가정하자, 그가 조금 전에 고려했던 전략들(수요 창출을 위한 생산비 절감, 품질 향상, 상품 다양화 등)은 사실상 제로섬 게임으로 귀결될 수밖에 없다는 결론이 나왔다! 경쟁 관계에 있는 모든 기업들이 소비자들의 총 수요 중 기업의 '수익' 부분을 늘리기 위해 동일하고도 적절한 노력을 할 경우, 이 전략들은 더 이상 어떤 효과도 내지 못한다. 모든 기업들의 수요 확보 능력이 크게 다르지 않다고 가정하면(서로 다르다고 해도 한 쪽의 이익은 다른 쪽의 손실로 상쇄될 것이다) 전체적으로는 어떤 기업도 이전보다 많은 수요를 확보할 수 없을 것이며 투자는 그 자체로 순수한 손실이 되어 버릴 것이다.

따라서 투자는 단지 이윤을 '촉진'하는 것에 머무는 것이 아니라 이윤을 '획득'할 수 있어야 한다고 해피스톤은 생각했다. 실제로 투자가 토암바 섬의 경제적 문제점을 해결해 줄 수 있으려면 투자가 이윤을 '창출'한다는 사실이 증명되어야 하는 것이다. 그러나 이런 생각은 그가 시장 경제에 대해 갖고 있던 모든 지식과 반대였고, 비록 많지 않지만 그가 만나본 경영인들의 이야기와도 달랐다. 해피스톤은 만약 기업의 투자가 이윤을 창출한다면 기업 경영이 참으로 쉬운 일일 거라고 생각했다. 경영인들로서  는 그 이상 바랄 게 없을 것이다. 그런 형태의 자본주의는 아침 일찍 관리자가 물고기를 풀어 놓은 개인 소유의 연못에서 열리는 낚시 대회와 비슷할 것이다. 사업만 시작하면 성공이 보장되니 말이다. 하지만 현실은 다르다. 더욱이 해피스톤은 투자가 어떤 경로를 통해 이윤을 창출하는지 알 수 없었다. 한 기업의 투자 지출이 어떻게 다른 기업 상품에 대한 소비 지출을 감소시키지 않으면서 자사 상품의 소비 지출을 늘릴 수 있는가? 이것이 가능하려면 해당 기업의 상품을 구매하는 고객의 유효 수요를 투자 지출만으로 추가로 늘릴 수 있어야 한다. 해피스톤은 이

건 말도 안 된다고 혼자 투덜거렸다. 설사 이게 가능하더
라도 결과는 역시 제로섬이 되고 말 것이다. 한 기업에서
이루어지는 투자 지출이 다른 한편으로는 수입이 된다는
말인데, 이게 어떻게 이윤으로 연결된다는 말인가?

집단적인 투자가 제로섬 게임이 되지 않을 가능성도 없
지 않았다. 전체적으로 생산비가 감소하는 경우다. 물론
이 전략이 일반화될 경우(일반화될 수밖에 없지만) 총 수요
에서 각 기업의 수입이 더 늘어나지 않는다는(더 커진다면
논리적으로 모순) 원칙에는 변함이 없다. 일단 수요에 의한
설명 방식에서 벗어나자 해피스톤은 다음과 같은 사실을
도출해 냈다. 더 많은 수입을 만들어 내기 위해 각 기업이
이런 전략(생산비 절감)으로 경쟁적인 우위를 확보할 수는
없더라도, 전체적인 관점에서 생산비를 감소시키는 것은
가능하다. 이는 모든 기업들이 이 전략을 채택했을 경우
에 해당되고 따라서 총이윤을 기준으로 보면 분명 소용없
는 일이 아니다!

해피스톤은 뭔가 실마리를 잡은 것 같았다. 이제 전체
적인 관점에서 '생산비를 절감한다'는 의미를 분명히 하는
일만 남았다. 개별 기업의 관점에서 문제는 간단하다. 투

자를 하면 일의 효율이 높아진다(생산성 향상). 구체적으로 예를 들면, 새로운 생산 설비가 도입되어 가동되면 단위 상품을 생산하는 데 필요한 노동 시간이 단축된다. 이때, 임금에 변화가 없으면 생산된 상품 가격은 점차 내려갈 것이다(상품 생산에 투입된 노동 시간이 단축됐으므로). 해피스톤은 이런 절감 효과는 제로섬 게임이 아니라고 생각했다. 한 기업 내에서 단위 상품당 단축된 노동 시간은 다른 기업이 같은 전략을 도입했다고 해서 효과가 사라지는 것이 아니다. 반대로 새로운 생산 설비를 도입한 모든 기업들은 동시에 동일한 양의 상품 생산에 필요한 임금 지출을 줄일 수 있을 것이다. 이제야 뭔가 풀린다는 느낌이 들었다.

그러나 전체적인 관점에서 봤을 때 이 전략에서 비롯된 지출이 어떻게 화폐 이윤을 창출할 수 있을지를 추적하는 과정에서 해피스톤은 다시 좌절했다. 이번에도 기적적인 해결책은 등장하지 않았고 단 몇 초 사이에 해피스톤은 처음에 확인한 근본적인 진리로 되돌아와야 했다. 빠져나갈 틈을 찾느라 괜한 시간을 낭비한 셈이었다. 현실로부터 도피하려는 성향이 다시 발동한 것이다. 그것 때문에

제로섬 게임 아님

생산 설비 도입
↓
노동 시간 단축
↓
상품 가격 하락
(단, 임금 인상 없으면)

목숨을 잃을 뻔했는데도 말이다. 사실상 빠져나갈 틈이 없었다. 작물 1kg 생산에 필요한 임금 지출이 줄어든다고 하면, 생산된 작물 1kg당 노동자들이 지출할 수 있는 가용 소득 역시 줄어든다. 따라서 이윤은 조금도 증가하지 않는다. 임금이 줄면 노동자들의 가용 소득도 줄어들게 되고, 작물 1kg 생산에 필요한 임금 지출 감소 비율만큼 작물 1kg 당 상품 가격 역시 내려가게 될 것이다. 모든 측면에서 재검토해 봤지만, 해피스톤은 이윤의 출처를 찾을 수 없었다. 결국 예전에 발견한 원칙을 재확인하는 데 그쳐야 했다. "생산자가 상품 판매를 실현하기 위해 생산비 회수(노동자들의 임금 소득 지출)에만 의존한다면, 단 1토픽의 이윤도 얻을 수 없다."

생산자는 노동자들에게 임금을 지급하고 상품 판매를 통해 동일한 수익을 올린다. 그들은 이 순환 관계에서 빠져나올 수 없다. 투자를 위해 추가 지출을 한다고 해도 상황은 마찬가지이다. 한편, 자본재를 구입하는 쪽에서는 돈을 지출했지만 자본재를 생산한 쪽에서는 결국 같은 금액의 수입을 얻는 셈이다. 따라서 전체적으로 보면 한쪽의 지출은 다른 쪽의 수입이 되는 식으로 지속적인 균형이 유지된다. '아무것도 사라지지 않으며, 아무것도 생겨나지 않는다'는 회계의 원리를 정말로 피할 길이 없다면, 이윤이라는 것이 실은 관념으로만 존재하는 개념은 아닐까 하고 해피스톤은 생각했다.

해피스톤은 하루 종일 입가를 맴도는 대중가요 노랫말처럼 머릿속에서 반복적으로 떠오르는 문구를 떨칠 수가 없었다. "지출로서의 임금과 투자, 수입으로서의 임금과 투자, 어디에도 화폐 이윤은 없다네."

이렇게 생각에 생각을 거듭하는 동안 시간은 흘러 엿새 뒤, 약속대로 칼도크가 찾아왔다. 구르노크 호수에 떡 감으러 갔던 걸 빼면 거의 한 달만의 외출이었다. 한낮의 햇살 아래 모든 사물들이 선명하게 보였다. 칼도크의 피부색은 초콜릿 색보다 옅은 캐러멜 색에 가까웠는데, 예전보다 더 밝아 보였다. 다른 이들보다 피부색이 밝은 이유를 들은 뒤로 더 그랬다. 칼도크는 다른 형제들보다 뺨이 더 통통했고 허리는 더 잘록했다. 척추가 덜 굽었고 눈빛에도 웃음기가 덜 했다. (지난번 칼도크의 고백을 듣고 나니 이런 차이들이 더 두드러져 보였다.) 한마디로 토암바 섬의 다른 사람들과 달랐다. 해피스톤은 바로 그 때문에 그녀가 더 매력적으로 보인다고 생각했다.

칼도크는 자본재를 생산하는 공장으로 해피스톤을 안내했다. 공장은 밭 바로 뒤, 구르노크 호수로 가는 오솔길 옆에 있었다. 나무로 만든 오두막 다섯 채 주위에는 자갈이 깔린 마당이 있었다. 오두막집은 밭에 딸린 쉼터보다 조금 커 보였지만 특별히 잘 지어진 것 같지는 않았다. 안에서는 사람들이 바삐 움직이며 일하고 있었다.

"이 다섯 개의 공장에서 자본재를 생산해요. 각 공장마다 여성 노동자 한 명이 일을 해요. 노동자 몇 명에게 부탁해서 밭 경작에 쓰일 도구를 생산하는 공장에서 아내들이 일할 수 있도록 해 달라고 협조를 구했어요." 칼도크가 설명을 시작했다.

"무보수로 일하는 겁니까?" 해피스톤이 물었다.

"당연히 아니죠. 남편과 동일하게 4토픽을 주겠다고 제안했어요. 자유 시간을 희생해서 하는 일이니 보상을 해야지요. 예전만큼 개인 텃밭에 신경 쓸 시간도 줄어 개인적인 생산 활동이 줄어들 테니까요. 남편들과 동일한 대우를 받는 게 당연하죠."

"좋은 생각입니다. 그런데 어떤 자격으로 그들에게 일

자리를 제안한 겁니까?" 해피스톤은 궁금함을 참지 못하
고 물었다.

"당연히 카렌토크로서죠!" 칼도크는 당연하다는 듯 대
답했다. 조롱하는 듯한 뉘앙스가 느껴지는 말투였다.

"공장 건립을 위한 자재를 구한 것도 저고, 건물 배치와
내부 설계, 그리고 생산 공정을 짜고 각 생산 단위에 해야
할 일들을 배치한 것도 저예요. 공장을 세우는 일은 형제
들의 도움을 받았고요. 그리고 예전에 제 도움을 받았지
만 빚을 갚지 않은 사람들을 동원했어요. 이를테면 채무
불이행자들을 부른 거죠. 그렇게 해서 도구 생산 공장 다
섯 개에 해당하는 자본을 소유하게 된 거예요. 해피스톤
씨라면 이렇게 표현했겠죠?"

해피스톤은 걱정과 감탄이 섞인 얼굴로 칼도크를 바라
보았다. 이 젊은 여성에게 이토록 큰 배짱과 사업가 기질
이 있는지 상상도 못했다. 물론 그녀를 과소평가했던 건
아니었다. 해피스톤은 그런 사업을 벌이는 데 카두크의
허락을 구했는지 물으려다 그만두었다. 그런 질문을 할
입장이 아니었기 때문이다. 칼도크는 그의 생각을 아는지
모르는지 계속 말을 이었다.

"카렌토크 대표인 카두크, 쿨부트와 함께 밭 수확량을 늘리기 위해 어떤 도구들이 필요한지 검토해 봤어요. 그리고 바로 제작에 들어갔죠. 우리는 주문 생산만 해요. 이 공장에서는 호미와 작은 낫을 생산하고, 저쪽에서는 구멍을 파는 도구와 과수 버팀목을 생산해요."

해피스톤은 공장의 살짝 열린 문 틈새로 고개를 들이밀고 안에서 어떤 작업이 진행되는지 보려고 했다. 하지만 안마당에 쏟아지는 밝은 햇살에 눈이 부셔서 그늘 속에 묻힌 공장 안에 뭐가 있는지 보이지도 않았다.

칼도크의 말은 계속 이어졌다. "여기서는(어느 공장을 두고 하는 말인지 알 수가 없었지만 어쨌거나) 짐승들이 밭에 들어가지 못하도록 막아 주는 울타리를 만들어요. 저 공장에서는(네 번째 공장을 말하는 것 같았다) 관개수로에 쓰이는 대나무 배관을 만들고요. 저쪽에서는 쟁기 날을 만들어요. 돼지에게 쟁기를 끌게 할 생각인데, 잘 될지는 모르겠어요. 그 외에도 괭이나 밭에 물을 댈 때 쓰는 급수 펌프 등을 만들어요." 칼도크는 각 도구들을 어느 공장에서 만드는지 설명하는 걸 포기했다. 아직은 자본재 생산 공장에서 벌어지는 세세한 일들을 다 파악하지는 못한 듯

했다.

"첫 생산품은 언제 나오죠?" 해피스톤은 좀 더 자세한 상황을 알고 싶었다. 자신이 없는 동안 진행된 경제적 사건들을 파악하고 싶던 것이다.

"2주 전에 첫 상품이 출하됐어요. 일요일에 주문을 받아서 매주 주말에 상품을 인도해요. 그러니까 이번 주는 세 번째 생산 주기예요."

"그러니까 카렌토크들이 두 주 동안 생산된 도구들을 구입했다는 얘기죠?" 해피스톤은 하나도 놓치지 않고 구체적인 질문들을 던졌다.

"네. 그런데 아직은 새 도구들로 인해 생산력이 얼마나 개선됐는지 말할 단계는 아니에요. 지금까지는 밭의 생산성에 변함이 없거든요. 시간이 좀 더 지나야 될 것 같아요."

이상하게도 칼도크는 이런 실망스러운 결과를 걱정하지 않았다. 부차적인 문제에 집중하느라 이 문제를 대수롭지 않게 여기는 것처럼 보였다. 밭쪽으로 해피스톤을 잡아끄는 그녀는 유쾌해 보이기까지 했다. 해피스톤에게 직접 밭을 보여 주고 자신의 말을 확인시키고 싶어 하는 것 같았다. 그러나 밭은 오늘의 최종 목적지로 가기 위한 경유지였을 뿐이다.

"카두크의 집, 중앙은행으로 가요. 자본재에 대한 투자가 시작된 뒤로 채무 상환 방식이 어떻게 바뀌었는지 카두크가 저보다 더 잘 설명해 줄 거예요."

칼도크는 카두크를 만나기 전까지 자신이 이윤 문제를 어떻게 해결했는지 말해 주지 않고 기다렸던 것이다. 그렇지만 해피스톤은 밭을 둘러보면서 유익한 정보를 얻을 수 있었다. 그는 새로운 기술이 도입되었는데도 별다른 실효가 없는 이유를 알게 됐다. 첫째 노동자들이 괭이, 구멍 파는 도구, 낫 등의 연장을 제대로 사용하지 못하는데 그 이유가 있었다. 그들은 이제 막 도구의 사용법을 알게 된 것이나 다름없는 상태였다. 울타리 등의 시설물 또한 설치가 완전히 끝나야 효과를 발휘할 것이었다. 그 외에 배수관 같은 것들은 제작 중인 다른 도구들과 조립해야 제 역할을 할 수 있는 것이었다. 해피스톤은 생각했다. '이 도구들 때문에 생산량이 떨어진 건 아니야. 시설물들이 제대로 설치되고 노동자들이 도구를 사용하는 데 익숙해지면 축적된 생산 자본이 노동 생산성을 높여 줄거야. 칼도

크도 그렇게 생각하는 게 틀림없어.'

"이런 장면을 보여 드리고 싶었어요. 투자를 통한 기술적 진보 덕분에 카렌토크들의 사정이 나아진다고 생각하지 않으셨으면 해요. 조금 뒤에 카두크의 설명을 들으면 무슨 말인지 이해하실 거예요." 칼도크가 그의 생각을 다 읽고 있다는 듯 말했다.

순간 칼도크는 멈칫했다. 그녀는 '이해하실 거예요'라고 말한 것을 후회했다. 건방지고 주제넘게 들렸을지도 몰랐다. 어쩌면 해피스톤이 이해하지 못할 수도 있다는 말로 들렸을 수도 있다. 그녀는 재빨리 말을 바꾸었다. "이런 방식으로 투자가 이윤 문제를 해결하는 게 아니라는 걸 확인하실 수 있을 거예요."

두 사람이 중앙은행에 도착했을 때 카두크는 그 어느 때보다 해피스톤을 반갑게 맞아 주었다.

"해피스톤 씨, 다시 보게 되어 기쁩니다. 이렇게 건강한 모습으로요. 몸은 괜찮으신 거죠?"

해피스톤은 고갯짓으로 대답을 대신했다. 카두크가 말을 이었다.

"해피스톤 씨를 그런 식으로 대할 수밖에 없었던 것에

대해 유감스럽게 생각합니다. 그런 식의 결말은 가능한 한 피하고 싶었습니다. (그는 일부러 '그런 식의 결말'이라는 애매한 표현을 썼다. 칼도크는 그 애매한 뉘앙스가 제대로 전달되도록 충실하게 통역했다.) 사회적 위기를 진정시키기 위해 그 문제를 해결하는 것이 무엇보다 시급했습니다. 한마디로 해피스톤 씨의 운명은 최후의 순간 직전까지 갔던 셈이죠."

"카두크 님 덕분입니다." 해피스톤은 공손하게 감사를 표시했다. 카두크가 구해 주기도 했지만 고난에도 책임이 있다는 것을 암시하기 위해서였다.

"겸손하시군요, 저보다는 해피스톤 씨가 해낸 일입니다. 끝까지 포기하지 않고 용기를 잃지 않으셨기 때문에 가능한 일이었습니다. 뒤로 물러서지 않는 해피스톤 씨의 자세에 경의를 표하고 싶습니다. 최악의 상황에서도 이성적인 고찰을 멈추지 않으셨죠. 저희의 대담한 투자 계획도 결국 해피스톤 씨 덕에 가능했습니다. 우리 사회가 안정을 되찾기 시작한 것도 당신 덕분입니다!"

해피스톤은 놀란 표정을 지으며 대답할 말을 생각했다. 그는 그 '대담한 계획'의 주창자가 자신이 아니라고 말하고 싶었다. 칼도크에게 남의 공을 뺏는 사람처럼 보이기도 싫었다. 그가 대답하려는 순간 칼도크가 팔을 잡아끌었다. 카두크가 하는 말을 다 듣고 다음 얘기로 넘어가라는 뜻이었다. 그녀는 새하얀 치아를 드러내며 어색한 미소를 지었다. 해피스톤은 최대한 자연스럽게 카두크에게 말했다.

"네, 좋습니다, 은행장님. 이제 거시 경제적 상황을 함께 검토했으면 합니다."

카두크는 이미 보고할 내용을 준비해 두었다. 그의 설명은 일목요연했다.

"도구 생산을 위한 공장들이 문을 연 뒤 토암바에서 일하는 노동자의 수는 총 25명이 되었습니다. 토암바 경제가 디플레이션*에 빠진 뒤로 우리는 발라 의식을 중단했습니다. 대신 노동자들과 카렌토크의 동의를 얻어 주급을 4토픽으로 고정했습니다. 그리고 저는 예전과 마찬가지로 카렌토크들에게 임금 지급을 위한 돈을 대출해 주고 있습니다. 현재 매주 총 대출 금액은 100토픽입니다."

카두크는 중요한 얘기는 이제부터라는 듯 호흡을 가다듬었다.

주급 - 4토픽
총대출 - 100토픽
자본재 생산 매출액 - 25토픽

---

* deflation: 디플레라고도 한다. 산출량의 저하, 실업의 증가 등 경제활동의 침체 혹은 저하를 의미한다.

"저희 중앙은행은 카렌토크들의 투자 지출을 위한 대출도 실시하고 있습니다. 이 새로운 대출은 장기 투자 대출이 아닙니다. 임금 지급용 대출과 마찬가지로 카렌토크들이 수익을 실현하기 전에 필요한 지출을 할 수 있도록 돕는 것이 목적입니다. 따라서 대출 상환 기간도 이틀 반(금요일 저녁에서 월요일 아침까지)으로 똑같습니다. 우리는 칼도크가 공급하는 자본재의 예상 가격과 연동된 대출액을 고려하여 필요한 예산을 계산했습니다. 일주일 동안의 자본재 주문과 다섯 명의 노동자에게 지급할 월급을 고려하면 자본재 생산을 위한 비용은 총 20토픽입니다. 칼도크는 자본재 생산을 통해 '보통' 수준의 이윤을 희망하고 있으므로 총매출액을 25토픽으로 잡았습니다." 이 말을 들은 해피스톤은 그 금액이 칼도크의 주문 장부에 기입된 주문 총액과 정확히 일치한다는 사실을 떠올렸다.

"그리고 당신은 밭과 공장을 경영하는 카렌토크들에게 그 금액만큼을 대출해 주셨다는 말씀이군요. 그들이 자본재를 구입하는 데 필요한 금액은 그들이 주문한 도구의 가격과 정확히 일치할 테니까요. 그러므로 새로운 대출을 감안한 예산은 정확히 계산된 셈이군요." 해피스톤이 말했다.

"원하신다면 더 자세한 통계 자료*를 보여 드릴 수도 있습니다." 카두크가 제안했다.

"자세한 수치보다는, 부문별 대출 할당 금액만 말씀해 주시면 될 것 같습니다." 해피스톤이 말을 잘랐다.

카두크는 고개를 숙인 채로 노트로 향해 있던 눈을 치켜떴다. 마치 돋보기안경 너머로 사람을 쳐다보는 것 같았다. (토암바 인들에게 안경 따위는 없다.)

"네. 투자 지출을 지원하기 위해서 농업 부문에 20토픽, 자본재 생산 부문에 5토픽을 대출해 주었습니다. 먼저 양 부문에 대한 대출 할당액 비율은 토암바 경제에서 차지하는 비중과 일치한다는 점을 말씀드리고 싶습니다. 결과적으로 농업 분야의 카렌토크들과 도구 제작 공장 경영자들은 각 분야의 노동자 한 명당 1토픽을 투자하는 셈입니다."

"요약하면, 매주 중앙은행이 총 125토픽을 대출해 준다는 말씀이시군요. 100토픽은 임금 지급(농업 부문 노동자에게 80토픽, 도구 공장 노동자에게 20토픽)을 위해, 25토픽은 투자 지출 지원(농업 분야에 20토픽, 도구 생산 분야에

* 농업 부문에서 이루어진 투자 지출의 결과는 해피스톤의 노트 속 표3에 정리되어 있다. 경제 전체의 지출 내역(거시 경제적 차원)은 '화폐 지출의 순환 도식2'를 참조할 것.

5토픽)을 위해서겠죠? 그 대출금이 지출된 다음에는 어떤
식으로 자금이 순환합니까?" 해피스톤이 끼어들었다. 어
느 정도 그 과정을 짐작하고는 있었지만 자신의 직관력을
확인해 보고 싶었다.

"지금까지 대금 지불과 대출 상환 모두 예전처럼 아무
문제없이 순조롭게 돌아가고 있지요. 그보다는 이윤 상
실에 직면한 카렌토크들이 이 새로운 투자 지출을 통해
어떻게 곤경에서 빠져 나왔는지를 이해하는 것이 더 중요
합니다."

"잘 벗어났을 것 같은데요." 무슨 말을 할지 미리 알고
있었다는 인상을 주고 싶었던 해피스톤은 이렇게 말했다.

"네, 그렇다고 할 수 있습니다. (카두크는 또 돋보기안경
을 쓴 사람처럼 그를 흘끔흘끔 올려다봤다.) 자본재 생산 부
문의 경우, 카렌토크들은(더 정확히 말해서 칼도크는) 예상
대로 자금을 회수했습니다. 25토픽어치의 주문에 대한 결
재가 이루어졌습니다. 다섯 개 공장에서 생산한 도구의
판매로 얻은 이 수익은 자본재 부문에서 지출한 금액과
동일했습니다. 즉 20토픽은 임금으로 지급되고, 5토픽은
재료비로 지출됐습니다(특정 공장에서 필요한 도구를 다른

" 중앙은행 대출 "

공장에서 구입하는 경우도 전체 25토픽 수입 속에 포함된다).”

“그럼 농업 분야는 어떤가요?” 해피스톤은 일단 질문자 역할에만 머물기로 했다.

“농업 분야도 투자의 도입으로 새로운 결과를 만들어 냈습니다. 노동자들에게 지급된 총 임금, 즉 작물 소비에 지출이 가능한 총 금액이 이제 100토픽(농업 분야 노동자에게 지급된 임금 총 80토픽과 도구 제작 노동자에게 지급된 20토픽)이 됐습니다. 100토픽이 소비 지출에 투입되자 작물 가격이 현격하게 올랐습니다. 사실상 아직까지 작물 생산량이 늘어나지 않았으니까요. 여전히 20명의 노동자들이 총 100kg의 작물을 생산하고 있습니다. 80토픽에서 100토픽으로 수요가 증가하자 작물 가격이 1kg당 80센트에서 1토픽으로 올랐습니다. 생산자들은 상품 전부를 판매할 수 있다는 조건에서 수요를 고려하여 최상의 가격을 받으려는 경향이 있으니까요.”

다시
“1kg = 1토픽”

카두크가 말하지 않아도 이미 알고 있는 사실이었다. 그런 원칙이 현실에 적용되는 것을 관찰하고 옳다는 것을 입증한 것은 그가 아니라 해피스톤 자신이었다. 해피스톤이 대화의 주도권을 잡기 시작했다. 얌전히 앉아 강의를 들으러 온 게 아님을 보여 줄 필요가 있었다.

"그럼 수입도 100토픽, 지출도 100토픽이니까 농업 생산자들도 자금 회수가 간단하군요. 80토픽은 임금으로 지급하고 20토픽은 자본재 구입에 쓰겠죠. 따라서 대출금을 갚을 만큼의 수입만을 올리는 셈이군요." 그리고 마지막 말을 한 번 더 강조했다. "딱 그만큼만."

카두크는 그 말에 동의했다.

이번에는 칼도크 쪽을 바라보며 해피스톤이 말을 이어 나갔다. "그렇다면 어떤 점에서 문제가 해결되었다고 할 수 있는 겁니까? 이윤의 실종 말이에요. 카렌토크들이 대출금을 갚을 수 있다는 것은 이미 확인된 사실입니다. 하지만 문제는 다른 데 있지 않습니까?"

"이 모든 변화가 이윤이 회복되도록 도와줄지는 알 수 없습니다." 카두크가 겸손하게 대답했다. 그는 칼도크 쪽을 바라보며 동의를 구했다. "하지만 카렌토크들의 상황이 나아진 것만은 확실합니다. 상황이 심각한 지경까지 갔던 얼마 전과 비교해 보세요. 카렌토크들도 변화를 실감하고 있습니다. 두 가지는 확실합니다. 우선 노동자들의 임금이 카렌토크들이 이윤을 얻던 시기와 동일한 수준

[여백 메모] 수입 100토픽 / 지출 100토픽 / 여전히 이윤은 0

으로 회복됐습니다. 노동자들은 4토픽의 화폐 임금을 받아 1kg당 1토픽 가격으로 4kg의 작물을 구입합니다. 화폐 경제가 도입되기 전에 그들이 받던 실질 임금(직접 현물로 받던 임금)과 정확히 일치합니다. 물론 노동자들은 카렌토크들의 이윤이 사라졌을 때 얻었던 이익을 누릴 수 없게 되었지만 한 쪽의 불행은 다른 쪽의 행복이라는 식의 사고방식을 배제하고 생각하면 카렌토크들에게는 흥미로운 결과라고 볼 수 있습니다. 왜냐하면 화폐가 도입된 뒤(카두크는 이 부분을 강조했다) 카렌토크들은 처음으로 생산비보다 높은 가격으로(평균적으로) 작물을 판매할 수 있게 되었으니까요. 생산비가 상품 판매 가격을 웃도는 절망적인 상황까지 갔던 것을 생각하면 참으로 고무적인 일이 아닐 수 없습니다. 이제 그들은 80토픽을 임금으로 지출하고 100토픽의 가격으로 상품을 판매할 수 있게 됐습니다! 도구 생산자들의 경우도 마찬가지입니다. 그들은 임금으로 총 20토픽을 지출하고 생산한 상품을 25토픽에 판매하고 있습니다."

"확실히 큰 변화군요. 제대로 진행되고 있다고 봐야겠네요. 그럼 나머지 다른 변화는 무엇인가요?"

"카렌토크들에게 찾아온 두 번째 변화는 그들의 자산 상태가 현격하게 개선되었다는 것입니다. 시간이 지나면서 그들의 생산 자본 스톡은 현실화된 투자 금액만큼 증가하고 있습니다. 매주 주말이 되면 그들은 호미, 버팀목, 괭이, 울타리, 낫, 관개 시설 등을 자산으로 얻게 됩니다. 일주일 전만 해도 없던 여러 가지 경작 도구들을 소유하게 되는 것이죠. 재산을 불려 나가는 것입니다!"

"카렌토크들이 경작 도구에 관심이 많다면 그렇게 볼 수도 있겠네요. 어쨌든 카렌토크들의 상황이 개선됐다는 말은 맞는 것 같습니다. 현격한 변화예요." 해피스톤은 비꼬는 투로 말하며 재차 강조했다.

카두크와 칼도크는 점점 목소리가 높아지는 해피스톤 앞에서 입을 다문 채 그의 다음 말을 기다렸다. 뭔가 기대하는 눈치였다. 그들은 능력이 허락하는 한에서 최종 결론에 도달했지만 그것만으로는 부족하다는 것을 잘 알고 있었다. 그들은 그 부족한 부분을 해피스톤이 채워줄 수 있으리라 믿었다.

해피스톤은 천천히 양팔을 벌렸다. 확신에 찬 그의 몸짓은 마치 그들에게 선심을 쓰겠다는 듯한 표시로 보였

다. (커다란 망토와 실크해트만 걸치면 완벽했을 것이다.) 그러고는 이런 멋진 결론을 내렸다.

"자산 증가 속도가 부채 증가 속도를 앞지름으로써 카렌토크들의 재산이 늘어나고 있다고 말씀하셨죠? 그리고 그건 생산비보다 높은 수익을 올린 덕분이라고 하셨고요. 그렇다면 그들이 이윤을 얻고 있다고 말씀드릴 수 있습니다."

이 말을 들은 카두크와 칼도크의 얼굴에는 당황한 표정이 역력했다.

미심쩍다는 표정으로 카두크가 질문했다. "그럼 이윤은 어디 있는 거죠? 카렌토크들의 지출과 수입이 각각 125토픽으로 동일한데 이윤이 있을 수 없잖아요?"

"그 이윤은 카렌토크의 금고에 현금으로 보관되어 있는 게 아닙니다. 그럼 어디 있을까요?" 해피스톤은 침착하게 대답했다. 지금까지 그의 발언이 이렇게 영향력을 행사한 적은 없었다. 상황이 돕지 않았기 때문이다.

해피스톤은 카두크 쪽을 돌아보았다. 카두크는 쓰고 있던 안경을 벗은 사람처럼 눈을 동그랗게 뜨고 그를 올려다보았다.

"말씀하신 내용 안에 답이 있습니다. 그 이윤은 카렌토 크들이 구입한 자본재의 형태로 축적되고 있습니다. 매주 카렌토크들이 소유한 경작 도구 수가 늘어나고 있으니까 요. 그게 그들이 재산을 늘려 가는 방식입니다. 따라서 다 른 곳에서 이윤을 찾을 필요가 없습니다." 해피스톤이 대 답했다.

"카렌토크들이 투자 전에는 얻을 수 없었던 이윤을 새 로운 자본재 구입으로 얻게 되었다면, 재산을 맞춰 보면 그 이윤을 눈으로 확인할 수 있지 않을까요?" 칼도크의 질 문이 이어졌다.

"지당한 말씀입니다." 해피스톤은 다정한 말투로 그녀 를 격려했다. "하지만 제대로 이윤을 계산한다는 조건에 서만 그렇습니다. 단순히 카렌토크들의 지출과 수입의 차 이를 계산하는 것에 그치면 안 됩니다(그럴 경우 결과는 항 상 0이 된다). 말 그대로 카렌토크들이 얼마나 이윤을 얻 었는지 알고 싶다면, 그들이 상품 생산을 통해 이익을 얻 었는지를 살펴봐야 합니다. 그렇다면 그 이익이 얼마인지 를 파악해야겠죠?" 해피스톤의 설명은 이어졌다.

칼도크는 해피스톤의 말을 잘 이해하지 못했지만 동의

한다는 표시로 고개를 끄덕였다. (해피스톤에게 그녀의 몸짓은 참으로 매력적으로 보였다.)

"그럼 한 번 계산해 보죠. 카렌토크들은 상품을 판매해서 총 125토픽의 매출을 올렸습니다. 그런데 실질적으로 생산을 위해 지출한 금액이 얼마였죠?"

칼도크는 곧바로 125토픽이라고 대답하려다가 입을 다물었다. 질문에 함정이 있다는 것을 알아차렸기 때문이다.

해피스톤이 대답했다. "그들이 지출한 돈은 노동자들에게 지급한 임금 100토픽입니다."

"100토픽이라고요? 자본재 구입에 지출된 25토픽은 계산에 안 넣나요?" 칼도크가 이의를 제기했다.

"안 넣습니다." 해피스톤이 딱 잘라 대답했다. "왜냐하면 그건 생산비에 포함되지 않으므로 비용이라고 할 수 없습니다. 카렌토크들이 지출한 돈 중에서 완전히 손실로 잡히는 것(가령, 임금 지출)만 비용으로 계산해야 합니다. 투자 지출을 손실이나 비용으로 간주해서는 안 됩니다. 돈이 지출되기는 했지만 그 대가로 얻게 된 자본재들은 그대로 카렌토크들의 소유로 남기 때문입니다. 따라

서 카렌토크들은 매주 더 많은 생산 자본 스톡을 보유하
는 방식으로 재산을 늘려 가는 거죠. 요컨대, 카렌토크들
은 매주 25토픽의 이윤을 실현하고 있는 셈입니다. 이 간
단한 셈법으로(이 계산법을 통해서만 이윤의 소재를 파악할
수 있다), 카렌토크들이 지출과 동일한 수입을 올리면서
동시에 재산을 늘려 가고 있다는 사실이 증명됩니다. 즉,
그 지출의 일부가 생산 과정에서 사라지지 않는(카렌토
크 입장에서 손실이 아닌) 내구재 구입을 가능케 해주는 것
이죠."

"앞으로는 지출과 생산비를 동일시하는 실수를 범하지
않겠습니다. 하지만 그 투자재들도 생산비에 포함되는 것
아닌가요?" 카두크는 농담처럼 말했지만 조심스럽게 반
론을 제기했다.

"일주일 동안의 생산 과정에서 그것들이 사라진다는
전제에서는 그렇습니다." 해피스톤은 인내심의 한계를 느
꼈다. "자본재들의 성능이 점차 떨어져 몇 주마다 새 것으
로 바꿔야 한다면, 점진적으로 감소하는 자본재의 가치
를 생산비에 포함시켜 계산해야 합니다. 이때 앞으로 도
구의 성능이 개선될 것을 고려한다면 그 기간을 늘려 잡

카렌토크들의 이윤
↓
25토픽어치의 생산 자본 소득
(낫, 괭이……)

아야겠지요."

"그러니까 그 말씀은 이윤이 줄어든다는 거군요." 카두크가 대답했다.

"생산 수단의 기능이 저하되거나 구식이 되어 못 쓰게 되는 상황들을 고려하여 감가상각*을 계산하면 확실히 이윤은 줄어든다고 할 수 있습니다. 생산을 위해 반드시 감수할 수밖에 없는 손실이기 때문입니다. 이런 식으로 계산하면, 감가상각비를 뺀 이윤을 산출할 수 있겠지요."

"너무 복잡해요. 그냥, 자본재의 가치가 영구적이라고 생각하는 편이 낫겠어요! 혹은 '감가상각비를 빼지 않은 이윤'만 고려해야겠어요." 카두크가 양손으로 머리를 감싸며 말했다.

"총 이윤이라고 합니다. 그런 말로도 부를 수 있다는 뜻입니다." 해피스톤은 친절하게 덧붙였다.

카두크는 피곤한 표정을 지으며 힘없이 고개를 치켜들었다. 회의 종료를 선언하는 그 나름의 방식이었다.

---

* 감가상각: 공장의 기계 설비와 같은 고정 자산은 어느 정도 기간이 지나면 고장이 나거나 낡아서 사용할 수 없게 된다. 그러나 더 이상 사용할 수 없게 된 그 기계의 가치는 한 번에 없어지는 것이 아니라 사용하는 기간 동안 평균적으로 감가되며, 그 기간 동안 설비의 가치가 생산물에 이전된다는 견해이다. 따라서 노후한 만큼의 가치를 제품 생산 원가에 포함시킬 명목으로 계산한 비용을 감가상각비라고 한다. 결국 '순투자액 = 총투자액−감가상각비' 가 된다.

황금기의 시작

자본재의 도입으로 토암바 인들은 전례 없는 황금기를 맞이했다. 지난 3개월 동안, 카렌토크들과 노동자들은 생산 수단의 점진적 진보를 경험했다. 그 덕분에 각 밭의 생산성이 향상되어 그 성과를 눈으로 확인할 수 있는 단계까지 도달했다. 더 정확히 말하면, 새로운 도구의 사용으로 인해 각 밭에서 일하는 노동자들의 생산성이 향상된 것이었다.

이 황금기 동안 노동자 한 명당 생산량은 거의 네 배가 증가했다.* 세 달 전만 해도 수확량이 5kg였던 밭의 생산량이 지금은 거의 20kg에 달했다. 그러나 생산 기술이 발달했다고 해서 각 밭의 생산량 차이가 줄어든 것은 아니

---

* 황금기 경제의 자세한 수치는 해피스톤의 노트에 실린 표 4를 참조할 것.

었다(가령 5번 밭은 22.2kg, 15번 밭 생산량은 18.2kg). 어쨌든 생산 자본 축적 덕분에 모든 밭의 생산성이 동일한 비율로 향상되었다. 이런 성과는 자본재 생산 부문에서도 확인됐다. 공장들이 새로운 도구와 기계를 구입해 생산에 활용했고, 농업 부문과 마찬가지로 칼도크가 고용한 노동자들이 매주 생산하는 자본재 생산량도 네 배나 증가했다.

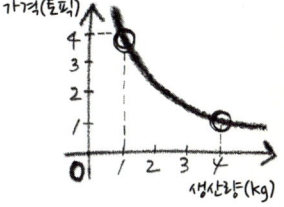

그 결과 노동자들의 소비는 놀라운 수준으로 증가했다. 작물 가격은 계속 하강 곡선을 그렸고, 노동자들은 동일한 임금으로 이전보다 네 배나 많은 작물을 구입할 수 있었다. 가격 인하는 카렌토크들의 경쟁 덕분에 가능했다. 카렌토크들은 단위 노동 시간당 생산량을 늘릴 목적으로, 혹은 단위 생산당 임금 비용을 절감하기 위해 도구와 기계를 사들였지만 그들이 원하는 화폐 이윤을 확보할 수 없었다. 작물 공급량이 늘어남에 따라 가격이 내려갔기 때문이다. 높은 가격을 고집했다가는 경쟁자들에게 고객을 뺏길 게 뻔했다. 몇 주가 지난 뒤 생산자들은 상품을 모두 팔기 위해서는 적당한 가격을 매겨야 한다는 원리 때문에 공급이 네 배로 늘어난 작물들을 네 배 싼 가격에 팔게 되었다. 따라서 노동자들은 화폐 기준으로 예전과 동일한 총 임금(100토픽)을 가지고 일주일에 작물 100kg의 네 배에 해당하는 400kg의 작물을 구입할 수 있게 되었다. 즉, 기존의 4분의 1로 인하된 작물 가격 덕분에 실질 임금은 네 배가 증가한 셈이었다. 이렇게 해서 토암바 섬의 노동자들은 역사상 최고의 번영을 누렸다. 그들의 구매력을 기준으로 임금이 이렇게 지속적으로, 엄청나게 증가한 것은 전무후무한 일이었다.

그러나 카렌토크들은 이 번영의 시대를 조금 다르게 경험했다. (이 차이가 앞으로 전개될 사건들을 부분적으로 설명해 줄 것이다.) 사실 예전에 비해 그들의 처지(혹은 그들의 입장)는 훨씬 나아졌다. 그들의 이윤은 지속적으로 증가했다. 나중에 확실히 알게 되겠지만, 그들의 이윤은 도구와 기계들을 더 많이 사용함으로써 농업 분야 생산비를 절감했기 때문에 발생한 게 아니었다. 화폐 소득으로만 보면 예전과 동일하지만, 생산비 절감 부분의 이윤은 작물 가격 인하 덕분에 고스란히 노동자들에게 이전됐다. 따라서 투자 지출 자체가 이윤을 창출하는 셈이었다. 처음과 같은 수준으로 투자를 해 온(매주 25토픽 지출, 총 임금의 약 4분의 1), 카렌토크들은 이제 매 주말이 되면 3개월 전보다 네 배 많은 투자재를 구입할 수 있게 되었다. 각 공장 간의 경쟁으로 생산성이 향상되고, 그 혜택은 고스란히 카렌토크들에게 돌아갔다. 칼도크는 도구 제작에도 경쟁을 도입하기를 원했다. 그녀는 경쟁을 억제해 독점 가격을 유지함으로써 전체 공장을 소유한 주인으로 행세하는 특권을 누릴 수도 있었지만, 경쟁을 도입하는 것이 기술적 진보의 효과를 전체 사회로 확대할 수 있고 이를 통해 공동의 이익에 도움을 줄 것이라고 생각했다.

화폐량으로 봤을 때 카렌토크의 재산은 전체적으로 주당 25토픽씩 증가했다. 매 주말 중앙은행 대출금을 상환한 뒤 결산해 보면 카렌토크들이 벌어들인 수입(작물 판매 수입 100토픽과 자본재 판매 수입 25토픽)은 지출(임금 100토픽과 도구 구입 25토픽)과 정확히 일치했다. 그러나 여기에서 도구 구입을 위해 지출된 25토픽은 '사라져 버린 것'이 아니었다. 따라서 이 금액은 생산 비용에 포함되지 않는다. 여기서, 생산에 투입된 비용 대비 수입(즉, 이윤)은 매주 25토픽이라는 결론이 나온다. 이 사실을 깨달은 카렌토크들은 더 이상 자신의 '이윤이 어디 있는지'를 찾기

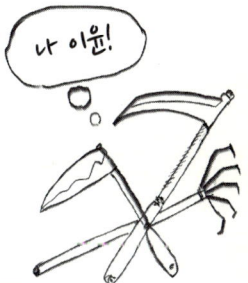

위해 금고나 은행 계좌를 뒤질 필요가 없었다. 그들은 이
윤이 회계 장부에 숨어 있었다는 사실을 깨달았다. 그들
이 구입한 자본재의 가치를 단순하게 화폐로 표현해 주는
이 회계 장부 덕분에 경쟁으로 인한 부채 증가 없이 그들
의 이윤이 자본재 구입을 통해 매주 생산 자본 형식으로
차곡차곡 쌓이고 있다는 사실을 알게 된 것이다. 이윤은
바로 자본 축적을 보여 주는 '회계 장부'에 있었다.

　소유한 현금만을 기준으로 해서 보면 이윤이 전혀 없는
것처럼 보인다. 그러나 현실에서(이윤을 자산의 양, 축적된
자본재로 계산하면 분명 그 증거를 확인할 수 있었다) 이윤은
분명 증가했다. 실질 임금과 마찬가지로 실질 이윤도 네
배나 증가한 것이다. 번영의 시기 3개월째, 카렌토크들이
매주 25토픽의 지출로 구입하는 자본재의 양은 3개월 전
과 비교해서 정확히 네 배가 증가했다.

　이윤이 실물 형태로 주어지던 이전과 비교해서 유일하
게 변하지 않은 점은 각 밭에 따라 이윤이 다르다는 것이
다. 여전히 수확량이 가장 많은 밭의 주인이 가장 많은 이
윤을 얻고, 수확률이 가장 저조한 밭의 주인은 가장 적은
이윤을 가져갔다. 이윤은 네 배로 증가했지만 차이는 똑

같이 보전되었다. 수확량이 적은 밭의 주인에게 자본재 축적은 무엇보다 자기 방어로서의 의미가 컸다. 적은 이윤이나마 지속적으로 확보하면서 다른 밭의 주인들과 경쟁을 계속해 나갈 수 있기 때문이었다. 모든 밭 주인들이 매주 동일한 투자 비용을 지출하면서 각각 다른 이윤을 얻는 것은 다시 말하면, 동일한 투자 지출로 획득하는 수확량이 다르다는 것을 의미했다. 해피스톤은 이런 상황을 고전파 경제학자들이 별로 탐탁지 않아 할 것이라고 생각했다. 그러나 해피스톤의 머릿속에서 이 상황은 완벽하게 설명이 되었다. 이런 상황이 성립하는 것은 무엇보다 토암바 인들에게 이윤이 차액지대*의 성격을 띠고 있기 때문이었다. 토암바 인들은 그때까지 손익분기점*에 초점을 맞추기보다는 오직 이윤을 얻는 것만 생각했다. 1토픽이라도 이윤을 남길 수 있는 투자 계획이라면 실행을 망설일 이유가 없었다. 그 사실을 이해한 해피스톤은 그들에게 문제를 단순화하는 장점이 있다고 생각했다.

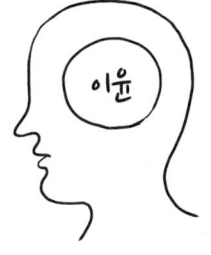

해피스톤은 같은 계산을 여러 번 반복해 보았다. 지난 3개월 동안 토암바 인들의 경제 상황이 실질적으로 개선되었는지를 확인하기 위해서가 아니라(그 효과는 도처에서

---

* Differential rent: 리카도가 전개한 이론이다. 농산물의 가격은 경작되고 있는 토지 중 생산량이 가장 낮은 토지의 생산비를 보상하기에 충분해야 한다. 이 한계 경작지보다 좋은 조건의 토지에서 생산된 농산물은 한계 경작지보다 적은 비용으로 생산되고, 이 생산비와 가격의 차액은 토지가 좋기 때문에 발생하는 것이다. 따라서 이것은 지주에게 지급되는데 이것이 차액지대이다.

• 매출액이 그 이하로 감소하면 손실이 나고 그 이상으로 증대하면 이익을 얻게 되는 기준점을 가리킨다.

눈으로 확인되었으므로) 자신이 이윤의 원천을 정확히 파악
했는지 확인하기 위해서였다. 그에겐 단순한 공식이 필요
했지만 아직은 그 공식이 떠오르지 않았다. 현재로서는
이미 발견된 사실을 확인하는 수준이었다. 이윤은 생산
비용 절감을 통해 직접적으로 창출되는 것이 아니다. 투
자를 통해 절감된 생산비 감소분은 카렌토크에게 이전되
지 않는다. 작물 가격이 시장의 경쟁 법칙에 따라 결정되기
때문이다. 반면 그들이 투자재를 구입하는 순간 생산비
절감의 혜택을 실질적으로 누릴 수 있다. 투자 지출을 지
속한다는 조건에서, 동일한 지출(임금 지출에 대한 상대적
비율 유지)로 더 많은 투자재를 구입할 수 있기 때문이다.

"그들이 투자 지출을 지속한다는 조건에서." 해피스톤
은 혼잣말로 반복해서 되뇌었다. 결국 화폐 이윤을 창출
하는 것은 카렌토크의 지출이다. 그리고 그 이윤의 실질
가치는 생산성 수준에 따라 결정된다. 해피스톤은 방금
생각한 명제를 좀 더 분명하게 확인해 보기로 했다. 만약
카렌토크가 투자 지출을 반(12.5토픽)으로 줄인다고 하
면(자본재 생산 분야에서 예상하는 생산량이 얼마이든 관계없
이) 매주 그들이 얻는 이윤 역시 절반으로 감소할 것이다.

전체적인 관점에서 보면, 카렌토크의 이윤은 노동자들이 당장 사용하지 않을 도구들(낫, 구멍 파는 도구, 울타리 등)을 생산하도록 하는 데서 나오는 것이다. 자본재 생산 분야의 임금(20토픽)이 생산된 작물, 즉 소비재 구입에 지출되면서 소비재 생산 노동자들의 소비(100토픽)와 합쳐진다. 덕분에 농업 생산을 담당하는 카렌토크는 자본재 구입을 위해 은행에서 빌린 돈(20토픽)을 갚을 수 있을 만큼의 추가 수입(역시 20토픽)을 얻을 수 있는 것이다. 자본재 생산 부문 역시 투자 지출(5토픽)을 하기 때문에 이 금액만큼 농업 생산자들의 투자 지출(20토픽)에 덧붙여진다. 그 결과 자본재 판매 매출은 총 25토픽이 된다. 자본재 생산 노동자들에게 지급되는 총 임금이 20토픽이므로 나머지 5토픽으로 대출금을 상환하면 된다. 이는 대출한 5토픽을 자본재 구입에 지출했기 때문에 가능해진 것이다. *

해피스톤은 이 고찰이 논리적이라고 생각했다. 그런데 거기서 믿을 수 없는 결과가 나왔다! 한마디로 카렌토크들이 자신의 이윤을 미리 대출할 수 있다는 것이다! 노동자에게 지급된 임금에 이 대출금이 덧붙여지면 경제 전체 지출이 총 임금(생산비)보다 많아진다. 즉, 이 대출금을 상

* 경제 전체의 '화폐 지출의 순환 도식2'에서 이미 확인한 사실이다.

환하는 데 필요한 수입이 발생한다! 해피스톤은 생각했
다. '정말로 카렌토크들의 지출이 그 자체로 이윤을 창출
하는 게 사실이라면, 이 원리가 모든 종류의 재화에 다 적
용되어야 한다. 즉, 그중 일부가 투자재로 쓰일 때(카렌토
크가 미래에 다른 종류의 상품 생산에 투입하기 위해 구입하는
경우)조차도 말이다.'

　해피스톤은 머릿속으로 실험해 보았다. 이 실험은 그
의 인생을 180도로 바꾸는 계기가 됐다. 그는 오직 한 상
품만 생산하는 경제를 상상했다. 이 상품은 소비재로 쓰
일 수도 있고 투자재로 쓰일 수도 있다. 결론은 간단했
다. 만약 카렌토크들이 임금으로 총 100토픽을 지출하
고 생산한 상품 중 25토픽어치를 구입한다면(생산 자본
스톡*을 늘릴 목적으로) 상품 구입에 지출된 금액은 총 125
토픽(임금 100토픽, 투자를 위해 카렌토크가 대출한 25토픽)
이 될 것이다. 따라서 카렌토크들의 수입은 정확히 투자
에 지출한 금액만큼 생산비(임금)를 능가할 것이다. 이렇
게 해서 카렌토크들은 상호간의 지출을 통해 노동자들의
임금 지출에서 비롯된 수요보다 더 많은 부를 축적할 수
있게 된다.

공식 발견!!

---

* 자본 스톡은 일반적으로 자본금, 주식 액면 자본 총액을 가리키고, 생산 자본 스톡
　은 생산 시설 자본 총액을 의미한다.

해피스톤은 이제야 자신이 찾던 '공식'을 발견했다는 느낌이 들었다. 전체적인 관점에서 봤을 때 카렌토크들은 자신들에게 유용해 보이는(미래의 이윤 증가에 기여할 수 있는) 상품의 일부를 확보할 수 있으며, 그 상품은 현재 시점에서 이윤을 형성한다. 이게 가능한 이유는 카렌토크들이 노동자와 다른 카렌토크들에게 상대적인 구매력을 분배하는 역할을 담당하고 있기 때문이다. 임금으로 100토픽을 지급하고 자신은 25토픽을 지출함으로써 카렌토크들은 너무도 간단한 방식으로 임금과 이윤을 배분하는 것이다. 해피스톤은 갑자기 이 화폐 경제에서 무엇이 세의 법칙을 대체하게 되었는지 깨달았다. 전체적인 관점에서 보면 생산이나 공급은 그 자체로 수요를 창출하지 않는다. 지출이 수입을 창출하며, 같은 원리로 채산에 맞춰 판매할 수 있는 생산물의 총 가격을 결정한다. 해피스톤은 심지어 마르크스의 생각과 반대로 노동자에 대한 착취가 생산 영역이 아니라 유통 영역(더 정확히는 지출)에서 발생한다고까지 결론 내릴 뻔했다.

그러나 그렇게 멀리까지는 가지 않았다. 왜냐하면 카렌토크들이 이런 특권을 누릴 수 있는 것은 마르크스가 말한 조건들이 갖추어져 있어야 가능한 것이기 때문이다. 다시 말해 카렌토크들이 밭과 시설들을 소유하고 노동자들은 임금을 받고 자신의 노동을 파는 것 외에는 선택의 여지가 없어야 한다. 또한 카렌토크들이 지출을 하기 위해 대출을 받을 수 있으려면 생산 수단의 사적 소유라는 조건이 필요하다. 그렇지 않으면 대출 상환을 보장할 수 없을 것이기 때문이다. 반면, 생산 현장에서 노동을 수행하는 주체가 노동자라는 사실은 의심의 여지가 없다. 노동자들이 일을 열심히 하면 할수록 카렌토크들이 가져갈 수 있는 몫은 점점 커진다. 그러나 실제로 카렌토크들이 그 부분을 자신의 몫으로 챙기는 것은 카렌토크들이 노동자들과 자신에게 상대적 구매력을 배분하는 바로 그 순간, 즉 임금과 투자 지출 사이의 배분이 이루어지는 순간에 가능해진다.

토암바 섬 경제에 황금기가 도래하면서 해피스톤의 상황도 확실히 개선되었다. 해피스톤은 칼도크와 함께 공장을 방문한지 일주일도 채 안 되어 완전한 '자유'를 되찾았다. 그리고 몇 번의 중요한 파티에 초대받는 것으로 지난날의 불명예는 기억에서 잊혀졌다. 해피스톤은 그 자리에서 부갱빌과도 재회했다. 두 사람은 토암바에 온 이후로 가장 후한 대접을 받았다. 그들은 지금까지 제한되었던 권리들을 마음껏 누릴 수 있었다. 다양한 음식, 술과 안주, 생선들을 양껏 먹었다. 해피스톤은 정말로 그 음식을 먹어도 되는지 사슈트 왕에게 직접 확인하기도 했다.

그러나 해피스톤이 주민 회관 지하에 갇힌 뒤로 어색해진 부갱빌과의 관계가 쉽게 예전 같아질 수는 없었다. 부갱빌은 그 사이 이를테면 자신의 길을 찾았다. 경제 상황에 좌우되는 해피스톤과 엮이지 말아야겠다고 생각한 부갱빌은 원래부터 흥미를 느꼈던 민족학 연구에 집중하며 토암바 인들과 가까이 지냈다. 토암바 인들의 관습과 종교, 예술과 언어를 공부하면서 적극적인 관찰자의 역할을 넘어서 공동 작업에 한 일원으로 참여하기 시작했다. 그는 도로나 하수 처리장 건설, 축제 준비, 카누 건조 작업 등 다양한 일에 참여했다. 마을의 경계 지역인 구르노크 호수로 가는 오솔길 근처에 집도 마련했다. 부갱빌이 현지인처럼 생활하자 사람들은 이제 함께 살 여자만 찾으면 되겠다고 수군거렸다. (그런 얘기는 아이들의 입을 통해 금세 퍼져 나가기 마련이다.)

해피스톤은 예전에 사슈트 왕이 마을 광장 옆에 마련해
준 사무실을 거처로 사용해도 좋다는 허락을 받았다. 해
피스톤은 토암바 중심지에 거주하며 사슈트 왕의 가족들
과도 자주 만났고 자연스럽게 토암바 섬에서 정치적으로
중요한 인물로 대접받게 되었다. 그만큼 경제적 조건도
좋아지고 그에 대한 배려도 커졌다. 칼도크는 그를 위해
세세한 것까지 신경을 써 주었다. 어느 정도였는가 하면,
마치 결혼한 여성이 자기 아이의 외삼촌을 대하는 것 같
았다. 해피스톤은 칼도크가 (실제로는 아이가 없었지만) 자
신을 아이의 진짜 '아버지'처럼, 정확히 외삼촌처럼 대하고
있다고 상상하곤 했다.* 그것만 제외한다면(혹은 그 덕분
에) 해피스톤은 모든 게 만족스러웠다.

해피스톤은 언제 토암바 섬을 떠날 수 있을지 궁금했
다. 그리고 궁금한 게 하나 더 있었다. 칼도크는 투자가
이윤의 문제에 대한 해결책이 될 수 있다는 걸 어떻게 알아
냈을까? 도무지 알 수 없었다. 이제 더 이상 고민거리가 없
어진 해피스톤은 그 미스터리를 밝혀 보겠다고 결심했다.

그리고 얼마 지나지 않아 해피스톤은 기회를 잡았다.
카두크의 집에서 열린 술이 곁들어진 파티 자리였다. 영향

---

* 태평양 섬나라 중에는 외삼촌이 실질적인 아버지 역할을 하는 곳이 많다.

력 있는 카렌토크들은 물론 사토암과 카두크의 형제들이 모두 모여 떠들썩한 분위기가 이어졌다. 한자리에 모인 그들의 대화 주제는 '카렌토크들이 느끼는 불만'에 모아졌다. 카렌토크들은 자신들의 이윤이 쓸모가 없다고 불평했다. 자신의 집과 공장에 쌓여 가는 자본재들을 바라보는 즐거움 외에 무슨 의미가 있느냐는 것이었다. 그들은 단지 자본을 축적하는 게 무슨 소용이 있는지 모르겠다고 투덜댔다. 해피스톤은 그들의 불만을 이해할 수 없었다. 솔직히 말하면, 해피스톤은 번영을 누릴 때조차도 의심하고 비난할 거리를 찾으려고 하는 이 사회 일부 계층들의 병적인 성향이 마음에 들지 않았다. 그들과 거리를 두고 대화에 끼지 않은 것도 그 때문이었다. 대신 그는 불평을 느껴야 하는 쪽은 노동자들이라고 생각했다. 해피스톤은 자신의 노동이 카렌토크들이 소유하게 될 상품(자본재) 생산에 사용되는 것에 노동자들이 불만을 느낄 수 있지 않겠느냐고 주장했다. 그러나 카두크와 칼도크는 카렌토크들의 '불만'을 이해할 수 있다고 했다.

집으로 돌아오면서 해피스톤과 칼도크는 술자리에서 제대로 나누지 못했던 이야기를 다시 시작했다.

"해피스톤 씨, 제가 어머니로부터 어떻게 영어로 읽고 쓰는 법을 배웠는지 말씀드릴 때가 온 것 같아요." 칼도크는 해피스톤이 질문하기 전에 먼저 이야기를 꺼냈다.

"네, 무척 궁금합니다. 제 목숨을 구해 준 게 무엇인지 이해하는 데 도움이 될 것 같군요." 해피스톤이 진지하게 대답했다.

"이윤을 구해 준 거라고 하는 게 맞겠죠. 그 결과 당신도 목숨을 건진 셈이고요." 칼도크가 그의 말을 정정해 주었다.

"서로 뗄 수 없는 관계죠." 해피스톤은 조바심이 났다.

"이야기를 듣고 나면 어처구니없다고 생각하실지도 몰라요. 몇 달 전에 사토암의 도움으로 어머니가 제게 영어를 가르칠 때 사용했던 책들을 찾아냈어요. 그 책들이 분명 도움이 될 거라고 생각했거든요." 칼도크가 말을 시작했다. 해피스톤은 다음 이야기가 궁금하다는 표정으로 칼도크의 말을 재촉했다.

"경제학 책들이었어요."

해피스톤은 아직 잘 모르겠다는 표정으로 칼도크를 바라봤다. 토암바 섬에 어떻게 경제학 책이 들어왔다는 말인가? 문득, 태평양 전쟁 당시 근처에서 배가 난파했을지도 모른다는 생각이 떠올랐다.

"어머니가 제게 영어를 가르치려고 했을 때 우리에게 있는 건 경제학 서적과 논문 모음집뿐이었어요. 어머니가 이 섬에 온 지 몇 달이 지났을 때 우연히 발견한 버들가지로 만든 트렁크 속에서 나온 것들이었어요. 어머니는 고향이 그리워지면 영어로 쓰인 책을 읽곤 하셨죠. 그러다가 밤 늦게야 잠드셨어요."

"불면증에 상당히 효과가 있죠. 그런데 그 책들이 왜 그 트렁크 안에 있었던 거죠?" 해피스톤이 물었다.

"누군가가 그 안에 정리해 두었겠죠."

"물론 그렇겠죠." 해피스톤이 조금 짜증난 목소리로 대답했다.

칼도크는 아랑곳하지 않고 계속 말을 이어나갔다.

"UN에서 파견된 사람들이 서둘러 토암바를 떠나면서 놓고 간 걸로 알고 있어요. 임무 수행 중에 문제가 생긴 거죠."

해피스톤은 석 달 전에 자신도 그들과 같은 운명을 맞이할 뻔했다는 사실을 떠올렸다. 마음 밑바닥에서 작은 불안이 탁구공처럼 튀어 다니기 시작했다.

"2차 세계대전이 끝나고 UN에서 태평양의 저개발 국가에 대한 경제 조사단을 파견했어요. 마침 그 시기에 쿨라피크 제도의 자메뷰 섬*에서 핵 실험이 있었어요. 1950년대 초반이었을 거예요. 당시 우연히 토암바에 들러 휴식을 취하던 그들은 소식을 듣고 줄행랑을 쳤죠. 서둘러 떠나느라 짐을 다 챙기지 못했는데 그 속에 그 경제학 책이 있었던 거예요."

"만약 핵폭발이 일어난다면 그런 책 따위를 갖고 있는 게 무슨 소용이겠어요. 그런데 그 책들이 이윤 문제를 해결하는 것과 무슨 관계가 있죠?" 해피스톤은 칼도크에게 대답을 재촉했다.

"경제학 책이니까요." 칼도크가 명랑하게 대답했다.

"물론 경제학 책이죠. 하지만 경제학 책이라고 모두 우리가 직면한 문제에 해답을 주진 못해요." 해피스톤은 화를 낼 뻔했다.

"당신이 체포됐을 때(칼도크는 처음으로 이런 표현을 썼다) 어머니와 함께 읽던 책들이 갑자기 떠올랐어요. 어머니가 손가락으로 짚으며 제게 읽히던 문장들 속에 이윤과

---

* 저자는 언어유희를 통해 가상의 이름을 지어냈다. 쿨라피크(Kulapiks)는 프랑스어로 '수직으로 침몰하다'라는 뜻의 단어와 발음이 비슷하고, 자메뷰(Jamevu) 역시 프랑스어에서 '전혀 본 적이 없는, 미증유의'라는 뜻을 가진 단어와 발음이 같다.

투자라는 단어가 끊임없이 등장했었거든요. 당연히 그때
는 무슨 뜻인지 모르고 따라 읽기만 했죠. 다만 저자가
한 가지 문제에 집착하고 있다는 느낌이 막연하게 들었어
요. 두 가지가 항상 일치한다, 한쪽에는 이윤이 있고 다
른 쪽에는 투자가 있다고 했어요. 당신이 체포됐을 때 그
기억이 떠올랐고 그 책들을 찾기로 한 거예요."

"저자가 누구죠?" 해피스톤이 조심스럽게 물었다.

"미할? 미할 칼레키*였던 것 같아요." 칼도크는 무심하
게 대답했다.

"잘 모르겠는데……." 해피스톤이 중얼거렸다.

"니콜라스 칼도어**라는 사람도 있었고, 존 메이너드 케
인스***라는 이름도 있었던 것 같아요. 케인스가 쓴 책은
《화폐론》이었어요."

"죄다 K로 시작하는 이름들뿐이군요. 무슨 쿠 클럭스
클랜(KKK)****의 음모도 아니고." 해피스톤이 궁시렁거렸
다. 문득 그들이 케인지언 경제학자일 수도 있겠다는 생
각이 들었다. (케인스는 당연히 아는 경제학자였고, 나머지
사람들을 '케인지언Keynesian'이라는 형용사로 묶을 수 있다고
생각한 것이다.)

---

* Michal Kalecki(1899~1970): 폴란드 출신의 경제학자. 1940년 2차 세계대전 중
  영국 옥스퍼드대학교 통계학연구소에서 경제학을 연구하였으며 이때 존 케인스와
  학문적으로 교류하였다. 폴란드의 사회주의 경제개발 계획에 참여하였으며 경제
  위원회 부위원장, 코메콘(COMECON) 경제위원회 폴란드 대표를 역임하였다. 또
  한 저개발 경제 계획에도 참여하여 이스라엘, 인도, 쿠바의 경제 고문을 담당하며
  소득 분배론과 경기 순환론을 전개했다.

** Nicholas Kaldor(1908~1986): 헝가리 태생의 영국 경제학자. 초기에는 불완전
  경쟁 이론과 후생경제학 분야를 연구했으나 뒤에 케인스의 영향을 받아 경기 순
  환 이론 · 분배론 · 재정학 등에 걸쳐 다양한 연구를 했다.

"일단 끝까지 들어 보세요. 미할 칼레키가 특정 기간 동안 획득한 이윤과 같은 기간에 실현된 투자와의 관계에 대해 이야기한 구절을 찾아냈어요. 둘 사이에는 항상 같은 방정식이 성립해요. 이 점이 칼레키 경제 이론의 핵심인 것 같아요. 그의 이론은, 사실 무슨 말인지는 하나도 이해가 안 됐지만, 어쨌거나 방정식의 왼편에 이윤이 있고 오른편에 투자가 있어요. 그걸 보고 전체적인 관점에서 투자가 이윤을 결정하는 요소라고 짐작하게 된 거예요. 그래서 그 생각대로 밀어붙여 보기로 하고 자본재 생산 부문을 창출한 거예요. 결과는 예상대로였고요."

<이윤의 방정식>

$$x + y + 이윤 = z + 투자$$

해피스톤은 할 말을 잃었다. 추리소설을 읽는 것 같았다. 그녀가 들려준 얘기들은 하나같이 황당한 것들이었다. UN조사단, 핵 실험, 칼레키 책에서 배운 영어, 낡은 트렁크, 이윤 방정식과 그것을 증명하기 위한 실험까지. 어쨌든 그 결과가 해피스톤이 토암바 경제를 다시 세우기 위해 필요하다고 생각했던 것들과 정확히 일치했으므로 그 이론을 정말로 믿고 싶었다.

"정확히 어떤 방정식인가요?" 해피스톤의 말투가 부드러워졌다.

*** John Maynard Keynes(1883~1946): 영국의 경제학자. 초기에는 주로 화폐와 외환 문제에 관심을 가졌으나, 제1차 세계대전 이후부터 자본주의 사회에서 고용 및 생산 수준을 결정하는 요인에 관하여 종래의 경제 이론을 재검토했다. 그 결과 대표적 저서인 《고용ㆍ이자 및 화폐의 일반 이론》(1936)에서 완전 고용을 실현하고 유지하기 위해서는 자유방임주의가 아닌 소비와 투자, 즉 유효 수요를 확보하기 위한 정부의 보완책(공공지출)이 필요하다고 주장하였다. 이 이론에 입각한 정책과 그 기반을 형성하는 사상의 개혁을 케인스 혁명이라고 한다.

**** Ku Klux Klan: 1866년 미국에서 설립된 백인 우월주의를 표방하는 극우 비밀 결사 단체.

이야기가 여기까지 진행된 이상, 칼도크에게 그 책을 보여 달라고 부탁할 수도 있었다. 그럼 바로 그 이론들을 검토해 볼 수 있었겠지만 그는 그러지 않았다. 그녀의 공을 가로채고 싶은 마음도 없었고 그녀가 조금씩 자신의 영향력을 넓혀 가고 있는 시점에서 방해가 되고 싶지 않았다. 솔직히 더 이상 그런 위치에 있고 싶은 마음도 없었다.

"그 방정식은…… 칼레키의 글 속에 수없이 등장하는 그 방정식은 이래요." 칼도크가 천천히 입을 열었다.

$$총\ 이윤 = 총\ 투자 + 자본가의\ 소비$$

해피스톤은 길가의 망고나무 그루터기에 주저앉았다. 그는 머릿속에 떠오르는 말을 차마 입 밖으로 꺼낼 수 없었다. 그렇게 되면 너무 일찍 실망해 버릴지 모른다는 염려 때문이었다. 그는 그날 저녁의 매력적인 분위기가 깨져 버릴까 겁이 났다. 서서히 새벽빛이 밝아 오는 하늘을 배경으로 달빛 속에 드러난 그녀의 가냘픈 실루엣이 경제에 대해 얘기하고 있는 것이다. 해피스톤은 이런 축복 받은 순간은 작은 실수 하나로도 금세 사라져 버린다고 생각했다. 그는 모든 용기를 짜내 말했다.

"이 방정식은 자본가들이 이윤으로 투자재를 구입하거나 자신의 행복을 위해 소비재를 구입한다거나 혹은 둘다를 구입한다는 단순한 사실을 보여 주는 것 같은데요? 어느 쪽으로 보든 그 방정식은 별로 흥미로운 사실을 가르쳐 주는 것 같지는 않군요. 이윤의 근원이 아닌 가능한 지출 경로를 보여줄 뿐이에요." 해피스톤은 부드럽고 다정한 목소리로 말했다.

해피스톤은 칼레키의 케인스주의적 사고에 내재된 동어반복적인 주장들을 비판하고 싶었지만 칼도크의 기분을 상하게 하고 싶지 않아서 입을 다물었다.

"미할 칼레키는 그렇게 말하지 않았어요. 그는 이윤과 투자와의 관계를 정반대로 이해해야 한다고 했어요. 다시 말해서, 방정식 오른쪽 항이 왼쪽 항을 규정한다는 거죠. 그 점에 대해서 그가 쓴 구절이 있어요." 칼도크는 당황하는 기색 없이 침착하게 반박했다.

총 이윤 = 총 투자 + 자본가의 소비

이 방정식의 진정한 의미는 무엇인가? 일정 기간 동안 획득된 이윤이 자본가의 소비와 투자를 규정한다는 뜻일까? 아니면 그 반대일까? 이 질문에 대답하기 위해서는 이 두 개의 항 중에서 어느 쪽이 자본가의 직접적인 결정 대상이 되는지를 알아야 한다. 자본가들이 이미 지나간 기간이 아니라 앞으로 올 기간을 기준으로 소비와 투자를 결정한다는 것은 명백하다. 한편 그들이 더 많은 이윤을 올리겠다고 미리 결정하는 것은 불가능하다. 따라서 이윤을 규정하는 것은 투자와 소비에 대한 그들의 결정이지 그 역이 아니다.

해피스톤은 갑자기 맥이 풀렸다. 칼레키의 결론은 어떤 의미에서 해피스톤이 토암바 섬 경제에 투자가 어떤 결과를 낳았는지 분석하는 과정에서 발견한 사실들과 일치했다. 칼레키의 방정식에 자본가의 소비가 포함되어 있는 게 이상하긴 하지만, 그것만 제외하면(왜 그게 포함되었는지 이해할 수 없었다) 카렌토크들의 투자 지출이 전체 수요를 생산비 이상으로 증가시키는 원인이라는 것, 즉 그것으로 카렌토크들의 이윤이 설명될 수 있다는 것은 이미 그 자신이 확인한 사실이었다.

"전적으로 칼레키의 생각에 동의합니다." 해피스톤이 간결하게 답했다.

그리고 요 며칠간 투자와 이윤의 관계에 대해 그가 이

해하게 된 것들을 칼도크에게 자세히 설명해 주었다. 칼
도크는 어려움 없이 그의 설명을 이해했다. 모든 것이 놀
라울 정도로 확실해 보였다. 새벽녘의 상쾌함 때문에 모
든 게 이토록 단순명료해 보이는 건 아닌가 하는 의심마
저 들었다. 자본가는 투자재 구입에 1토픽을 지출함으로
써 노동자들의 임금 지출에 1토픽을 추가할 수 있게 된
다. 그런 식으로 자본가는 같은 경제권의 다른 자본가에
게 1토픽의 이윤을 추가해 준다. 만약 모든 자본가들이   *자본가의 투자 → 추가 수입*
자본재 구입에 1토픽씩 투자한다고 가정하면, 그들 각자
는 생산비보다 1토픽 많은 수입을 얻을 수 있게 되며, 그
추가 수입으로 자본재(그들의 이윤이 취하는 최종적인 형태)
구입을 위해 대출한 돈을 갚을 수 있게 되는 것이다.

　칼도크는 매혹적인 꿈속을 헤매다가 방금 깨어난 사람
처럼 중얼거렸다.

　"칼레키의 책에는 이런 구절도 있었어요."

> 개인적인 관점에서 보면, 한 자본가는 분명히 '돈'을 벌 수
> 있다. 대변과 차변이 항상 동일한 전체적인 차원에서 보면 자
> 본가들의 총 수입은 전체 자본재와 소비재의 가치를 합한 것
> 과 동일해야 한다.

해피스톤은 그루터기에 앉아 졸고 있었다. 상체를 앞으로 숙인 채 눈을 감고 있었다. 칼도크는 자신의 생각에 너무 몰두한 나머지 혼자 떠들고 있다는 것도 모른 채 말을 이어나갔다.

"분명 그 말 속에 카렌토크들의 '불만'을 해결해 줄 열쇠가 있을 거예요. 카두크의 집에서 해피스톤 씨도 저와 같은 생각을 하셨을 거라고 생각해요. 우리에게 남겨진 다음 과제는 카렌토크들의 '불만'을 해결하는 거예요. 문제가 더 심각해지기 전에 우리가 해결책을 찾아낸 셈이에요. 멋지지 않아요, 해피스톤 씨?"

달이 사라지고 파스텔 톤의 분홍빛 태양이 떠올랐다. 고요하고 멋진 풍경이었다. 해피스톤이 한쪽 눈을 떴다.

"그 문제에 대해서는 내일 의논하도록 해요. 지금은 눈을 좀 붙여야겠어요."

Caduc

칼레키의 법칙

중앙은행에서 주요 인사들이 모여 회의를 여는 것은 이제 일상적인 풍경이 됐다. 해피스톤은 회의에 참여할 때마다 심지어 '문건'을 준비해 오기도 했다. 바뀐 점이 하나 더 있었다. 칼도크는 임시 통역사로서가 아니라 해피스톤을 보좌하는 경제학자라는 공식 직함을 갖게 됐다. 그녀는 이제 회의에서 입을 다물고 있어도(혹은 통역을 하면서) 다른 참가자들과 동등한 대접을 받을 수 있게 되었다.

카두크는 간략하게 상황을 보고했다. 내용의 대부분은 현재 토암바 경제가 맞고 있는 번영의 시기에 대한 열광적인 찬양과 그런 시대를 앞당기는 데 공헌한 해피스톤과 칼도크에 대한 찬사로 도배되다시피 했다. 그런 다음 오늘 회의의 의제가 소개되었다.

"여러분도 알다시피, 우리는 카렌토크들의 '불만'을 어떻게 해결할지에 대해 의논하기 위해 이 자리에 모였습니다. 최근 카렌토크들은 번영의 시대에 자신들만 소외되고 있다는 불만을 표시해 왔습니다."

"부정적으로만 볼 것은 아닙니다. 자본재 생산 부문이 창출된 뒤로 이윤은 빠른 속도로 회복되었고 기술 발전과 축적 덕분에 생산성도 향상되어 단위 기간 동안 카렌토크들의 이윤은 네 배가 증가했습니다." 해피스톤이 끼어들었다.

"물론 그렇습니다. 카렌토크들도 상당한 번영의 혜택을 누리고 있습니다." 카두크는 해피스톤의 말에 선선히 동의했다. 그는 카렌토크의 편만 든다는 인상을 주고 싶지 않았다.

"그런데요?" 해피스톤은 비꼬는 투로 물었다.

"사실상, 불만을 표시하는 쪽은 카렌토크의 부인들입니다. 그들이 얻는 이윤이 괭이, 호미, 울타리, 관개수로나 배수로 등과 같은 자본재의 형태로 축적되다 보니 소비재를 확보하는 일은 부인들의 몫이 되었습니다. 그들은

텃밭을 가꿔 푸성귀를 마련하거나 돼지를 키우고 바다에
나가 생선을 잡느라 하루 종일 쉴 틈이 없습니다. 지금 상
황에서 가장 고통 받는 사람은 카렌토크의 부인들입니
다. 이 때문에 발생하는 긴장 상태가 사회적인 차원으로
확대되고 있습니다. 그들에게는 작물의 다양화 정책(그 후
이윤의 화폐화로 귀결되었다)이 가계 수입의 완전한 상실을
의미한다는 사실을 분명히 이해할 필요가 있습니다. 예전
에는 그들의 남편이 타로라는 이윤을 가져다주었지만 지
금은 옆집보다 멋진 울타리가 생겼다고 자랑하는 게 전
부입니다!"

　카렌토크들의 딱한 운명을 이야기할 때마다 카두크의
말투는 웅변조가 됐다. 해피스톤과 칼도크도 그 말에는
동의할 수밖에 없었다. 카렌토크들이 불합리한 상황에 처
해 있는 것은 사실이었다. 이론적으로 그들은 갈수록 부
자가 되어 가고 있지만 생활은 오히려 궁핍해졌다.

　"우리는 이 문제의 해결책을 갖고 있습니다. 칼도크와
저는 어제 오전 내내 이 문제에 대해 고민했습니다. 그 결
과 완전한 효과를 기대할 수 있는 방법을 찾아냈습니다."
해피스톤은 카두크의 웅변 중간에 끼어들어 말했다.

카두크는 해피스톤이 그토록 자신만만해 하는 것을 처음 보았다.

"그럼 들어 보죠. 이미 계획이 있으시다면, 여러 사람이 고민하느라 시간 낭비할 필요가 없으니까요."

"그럼 뜸들이지 않고 바로 말씀 드리죠. 해결책은 간단합니다. 카렌토크들이 스스로에게 배당금을 지급하면 됩니다!" 해피스톤은 칼도크에게 공모자의 시선을 던졌다.

카두크는 뭔가 다른 것을 기대하고 있었다. 이를테면 시간이 좀 걸리더라도 안정적으로 추진할 수 있는 계획 같은 것 말이다. 하지만 해피스톤의 제안은 너무 성급하지 않은가?

"배당금이요?" 카두크는 관심이 있는 척 되물었다.

"네, 배당금이요. 카렌토크들이 이윤을 얻었다면, 각자가 소유한 밭(혹은 공장)의 지분에 따라, 그리고 각자가 실질적으로 창출한 이윤에 따라 그 일부를 자신들에게 분배할 수 있어야 합니다." 해피스톤이 대답했다.

"좋은 생각이군요. 하지만 이윤이 자본재의 형태로 축적되어 있는데 어떻게 스스로에게 분배할 수 있다는 거죠? 이렇게 질문해 보겠습니다. 오직 (자본재 구입을 위해) 이윤을 지출하는 순간에만 이윤을 확인할 수 있다면, 어떻게 카렌토크들은 자신들이 실현한 이윤의 일부를 배당금으로 받을 수 있나요?" 카두크가 날카롭게 질문했다.

"그 점은 우리도 생각해 보았습니다." 해피스톤은 우쭐대는 표정으로 칼도크 쪽을 바라봤다. 칼도크는 고개를 끄덕였다.

"카렌토크들은 돈이 없을 때 어떻게 지출을 감당하죠?" 해피스톤은 거두절미하고 카두크에게 질문을 던졌다.

"그야, 중앙은행에서 대출을 받죠." 카두크는 무심코 대답했다. 처음에는 자신의 대답에 자신이 없어 보였지만 곧 너무 빨리 대답했다는 것을 깨닫고 얼굴을 붉히며 화를 냈다. "이윤 배당을 위해 대출을 해주라고요? 말도 안 돼요! 그럴 순 없어요. 그런 식으로 경제 법칙을 속일 수 있다고 생각하세요? 아니, 회계 원리나 수학적 원리를 마음대로 바꿀 수 있다고 생각하세요? 동일한 이윤을 투자와 배당금에 두 번 사용할 수는 없어요. 말도 안 되는 일이에요." 카두크는 같은 말을 반복했다.

해피스톤은 양손으로 머리를 감싸 쥐었다. 카두크가

그런 모습을 보인 건 처음이 아니었다. 카두크는 화폐 이
윤을 실현하는 방법에 대해 의논할 때도 똑같은 반응을
보였었다. 그때도 카두크는 카렌토크들에게 이윤을 위한
대출을 거부했었다. 해피스톤은 그 기억이 뇌리를 스치자
아드레날린이 분출되는 것을 느꼈다. 해피스톤은 생각했
다. '이윤을 미리 대출해 주자는 생각에 반대한 것은 카두
크였어. 그래서 별 수 없이 화폐 이윤 실현을 위해 경쟁과
가격 인하가 도입됐었지.' 이 사실을 깨달은 해피스톤은
분노에 휩싸여 하마터면 그 자리에서 카두크의 멱살을 잡
을 뻔했다. 해피스톤은 모든 것을 이해했다. '이 모든 일
들이 카두크의 고집 때문이야. 가격 인하, 이윤의 실
종……, 내가 감옥에 갇힌 것까지 모두!'

만약 이윤을 미리 대출해 주자는 해피스톤의 제안을 카
두크가 받아들였다면 어땠을까? 두 갈래 길 중 가지 않은
다른 길은 어떤 모습일까? 토암바 섬은 평화로운 농업 경
제를 유지하면서 다양한 작물을 재배했을 것이고, 밭 주
인들과 노동자들은 화폐 형태로 수입을 얻었을 것이다.
그리고 지금처럼 미친듯이 투자에 골몰할 필요도 없었을
것이고 해피스톤 자신도 이미 보스턴으로 돌아간 뒤였을

것이다.

해피스톤은 이번엔 절대 물러서지 않겠다고 결심했다. 이제 카두크 때문에 곤경에 빠지고 싶지 않았다. 그는 일단 분노를 가라앉히고 침착한 목소리로 말했다.

"칼도크와 제가 드리는 제안은 카렌토크들을 위한 것입니다." 해피스톤은 먼저 카두크를 안심시키기로 했다. "동일한 이윤을 두 번 지출하는 게 아닙니다. 그렇게 될 수도 없습니다. 지난 회의 때 저희가 한 말에 동의하셨죠? 전체적인 관점에서 보면 이윤이 투자를 위해 지출되는 것이 아니라 투자 지출이 이윤을 창출하는 것입니다. 카렌토크들이 지출하는 돈은 그들의 이윤에서 오는 것이 아니라 은행에서 그들에게 대출해 준 돈에서 오는 것이죠."

"중앙은행의 대출을 확보한 구매력이 경제 전반에서 생산비(노동자에게 지급된 임금) 이상의 수입을 창출한다는 말이군요." 카두크는 방금 화를 낸 게 미안했는지 고분고분하게 말했다.

"배당금 지급도 같은 원리로 이해하면 됩니다. 카렌토크들이 스스로에게 지급할 배당금을 중앙은행이 미리 대출해 줌으로써 그들에게 필요한 작물을 확보할 수 있는 구매력을 제공해 주는 셈입니다. 작물 구입을 위해 추가 적인 지출이 이루어지면 그만큼 작물 가격은 오르게 되고 전체 수입도 증가하게 될 것(지출된 배당금만큼)입니다. 이 렇게 증가한 수입으로 중앙은행에서 받은 대출금도 상환 될 것입니다. 이는 추가적인 지출이 있었기 때문에 가능한 것이고 이 추가적인 지출은 중앙은행의 대출 덕분에 가능 한 것입니다." 해피스톤은 강조했다.

"분명히 말도 안 된다고 말씀 드렸는데요." 카두크가 단호하게 말했다.

"말이 됩니다. 배당금 지급은 과거 이윤의 두 번째 지출 이 아니라는 점은 설명 드렸지요. 이 배당금은 현재 시점 에서 이윤을 미리 당겨씀으로써 추가 이윤을 창출하는 역 할을 합니다." 해피스톤은 물러서지 않았다.

"어불성설이에요! 만약 말씀하신대로 된다면 누가 카 렌토크들의 이윤을 제한할 수 있겠습니까? 만약 카렌토 크들이 나중에 이윤으로 회수할 수 있다며 배당금을 마음 껏 챙긴다면 원하는 작물을 모두 차지하게 될 것입니다. 대출을 통해 확보한 구매력이 구매력을 낳는다는 게 사실 일 경우, 카렌토크들은 무한대의 구매력을 갖게 될 것입니다. 그럴 경우 카렌토크들은 자신들의 수요를 실현함으로써 무한대로 임금을 압박할 수 있게 될 겁니다." 카두크는 고집을 꺾지 않았다.

"거의 그런 셈이죠." 해피스톤은 카두크를 달래듯 조용히 대답했다. 카두크가 노동자들의 이익을 거론하는 게 다소 놀라웠다. "전체적인 관점에서 지급된 배당금이 모두 지출된다는 전제에서, 이윤과 배당금의 양에 한계는 존재하지 않습니다. 고전적인 문제이지만 한 가지 제약이 따르긴 합니다. 경제 전체에서 이윤이 지나치게(지나치다는 게 어느 정도일까?) 커지면 그만큼 실질 임금은 감소하게 됩니다. 실질 임금이 너무 낮아지면 노동자들은 그 임금을 받으면서는 일할 수 없다고 하겠지요. 이 문제를 제외하고 생각하면, 카렌토크들 사이에 배당금 분배가 조화롭게 이루어질 경우 카렌토크 전체가 취할 수 있는 이윤에 한계는 없습니다."

"제 말이 틀린 건 아니군요." 카두크가 말했다.

"그렇습니다. 하지만 규모 면에서 분명 제약은 존재합니다. 미시경제학적 차원의 제약이지요. 카렌토크 각 개인을 생각해 보면 사실상, 카렌토크들은 서로 조화롭게

배당금과 노동자의 실질 임금 사이의 관계 → 무제한으로 배당금을 지급할 수 있을까?

배당금을 분배할 수 없습니다. 작물 시장에서 서로 경쟁하는 입장이기 때문이죠. 한 명의 카렌토크가 엄청난 배당금을 미리 대출 받았다고 해서 그것이 모두 수입으로 실현되리라는 보장은 없습니다(스스로 자신의 밭에서 생산된 작물을 구입하는 경우에만 가능하다. 하지만 그럴 경우 작물 생산을 다양화할 이유가 없어지는 셈이다). 그의 배당금은 대부분 다른 카렌토크들이 생산한 타로, 참마, 고구마 등을 구입하는 데 쓰일 것입니다. 다시 말해, 각 카렌토크는 스스로에게 배당금을 지급하고 지출함으로써 다른 카렌토크들의 이윤을 실현하는 셈이 됩니다(투자를 위해 지출할 때와 같은 결과가 나온다). 따라서 누구도 무제한적으로 스스로에게 배당금을 지급할 수 없습니다. 대출 상환에 필요한 이윤을 확보한다는 보장 없이 빚만 지게 되는 사태가 벌어질 테니까요. 따라서 각 카렌토크는 예상 수입을 합리적으로 책정해 스스로 배당금 금액을 제한할 수밖에 없는 것이죠."

"무슨 말인지 잘 알겠습니다. 결국 실질적인 수입은 한 사회에서 특정 기간 동안 평균적으로 형성된 배당금 수준에 따라 결정된다는 말이군요. 따라서 각 카렌토크들은 어느 정도 현 사회의 경향을 고려하여 예산을 짤 수밖에 없을 거고요. 자신의 지출을 통해 다른 카렌토크들의 이윤을 실현시키는 만큼 자신의 이윤도 실현하기 위해서 말이죠. 그런데 각 카렌토크들의 이윤이 평균을 중심으로 분포된다면(이때 평균과의 차이는 각 밭의 상대적 생산성에 의존한다) 사실상 제로에서 출발한다고 보는 편이 맞지 않을까요?" 카두크가 물었다.

무제한적 배당금은 힘들단 얘기!

"그 점도 생각해 보았습니다. 합리적인 배분을 위해서는 카렌토크들이 현 이윤의 절반 정도에 해당하는 배당금을 지급받는 것이 적당합니다. 총액으로 계산하면 12.5토픽(10토픽은 농업 분야, 2.5토픽은 도구 제작 분야), 카렌토크 한 사람당 평균 0.5토픽이 됩니다. 이 금액의 배당금을 지급할 경우, 생산성이 네 배로 증가한 현재 작물 1kg당 현재 가격 0.25토픽(배당금을 수요에 포함시키지 않았을 때의 가격)으로 계산하면 카렌토크들은 작물 50kg의 실수익을 확보할 수 있게 됩니다." 해피스톤은 지체 없이 설명했다.

이처럼 이번 계획은 각 실행 단계별로 발생할 수 있는 모든 변수까지 고려하여 실질적인 효과를 거둘 수 있도록 치밀하게 준비되었다. 모든 일이 예상대로 진행되었다. 당연히 카렌토크들은 배당금 지급에 호의적이었다. 이 뜻밖의 선물이 어디서 왔는지는 중요하지 않았다. 현재 이윤의 절반 정도를 배당금으로 지급받는 방식에 대해 아무도 토를 달지 않았다. 주간 생산량이 노동자에게 지급하는 실질 임금을 겨우 웃도는 밭의 주인들은 배당금을 전혀 받지 못하거나 아주 조금밖에 받을 수 없는 반면, 몇몇 카렌토크들은 그보다 훨씬 많이 받는다는 사실도 문제가 되지 않았다. 한마디로 이윤을 얻기 위해서는 이미 이윤을 가지고 있어야 하는 셈이었다.

　계획이 시행되고 3주 만에 예상했던 규모의 순환 구조가 정착되었다. 배당금 12.5토픽의 지출은 기존의 작물 수요, 즉 임금 지출(농업 분야 임금 80토픽, 자본재 생산 분야 임금 20토픽)에 더해졌다. 이제 작물 수요는 100토픽에서 112.5토픽으로 늘어났고, 가격은 12.5% 상승했다(1kg당 0.25토픽에서 0.281토픽으로). 결과적으로 농업 생산 부문의 수입은 12.5토픽 증가했다.* 자본재 생산 분야도 뒤질세라 가격을 12.5% 인상했다. 이는 한편으로 추가 지출(배당금 형태로 지출된 12.5토픽)을 수입의 형태로 회수하기

---

* 배당금 지출이 작물 소비(농업 분야)에 미친 영향은 표5를 참조할 것.

위한 목적이었다. 덕분에 추가 이윤 비율을 '유지'할 수 있게 됐다. 다른 한편으로는 작물 가격과 자본재 가격 사이의 균형을 유지한다는 단순한 목적도 있었다. 결과적으로 자본재 총 매출은 27.5토픽(이전에는 25토픽)이 되었다. 이 새로운 가격 조정에 따라 중앙은행은 대출액을 늘려 잡아야 했다. 카렌토크들의 이윤이 상승함에 따라 투자 지출이 증가하는 것은 당연한 결과였다.

전체적으로, 처음 대출을 통해 풀렸던 현금이 아무 문제없이 고스란히 회수됐다.* 중앙은행은 매주 말 카렌토크들에게 총 140토픽(임금 지급 100토픽, 자본재 구입 27.5토픽, 배당금 12.5토픽)을 대출해 주었고, 예전처럼 월요일 오전에 모든 대출금을 회수했다(농업 분야 수입 112.5토픽, 자본재 판매 수입 27.5토픽). 카렌토크들의 수입이 지출과 동일하고 대출을 상환하고 나면 금고에 아무것도 남지 않는다고 해서 제로섬 게임으로 끝나는 것은 아니었다. 수입 140토픽 중에서 노동자들에게 지급한 임금(유일한 생산비 100토픽)을 제하고 남는 40토픽이 이윤이었다. 투자 지출은 생산비에 포함되지 않았으며(생산에 투입되어 기능이 저하되거나 낡게 되는 경우는 제외)**, 배당금도 마찬가

---

* 통화 유통과 흐름에 관해서는 '화폐 지출의 순환 도식3'을 참조할 것.
** 토암바 섬의 경제는 아직 이 경우에 해당되지 않는다. 현재의 투자액이 거의 과거의 총 투자액과 비슷한 수준이기 때문이다.

지였다. 이 두 가지는 지출이지만 생산에 필요한 비용을
증가시키거나 생산 과정에서 사라져 버리는 지출이 아니
었다. 오히려 이 지출이야말로 카렌토크들 자신의 수입을
구성하는 요소였다! 만약 배당금을 생산 비용에 포함시
켜 계산한다면 이는 이윤을 손실로 간주하는 결과를 초
래할 것이다. 이 40토픽의 이윤은 현금 형태로 은행 금고
에 쌓여 있는 것이 아니라 새롭게 획득한 자본재(27.5토
픽)와 카렌토크들이 자신을 위해 구입한 작물(12.5토픽)
의 형태로 실현된 것이다. 따라서 카렌토크들이 일주일 동
안 획득한 이윤을 계산해 보면 같은 기간 동안 그들이 지
출한 금액의 합, 즉 투자 지출과 소비 지출의 합과 정확히
일치했다. '칼레키의 법칙'(자본가들은 자신이 지출한 만큼
번다는 법칙. 즉, 이윤=투자+소비)이 훌륭하게 작동하고 있
는 셈이었다!

　배당금 지급을 시작한 초반에는 작물의 가격만 상승하
는 것처럼 보였다. 작물 수요는 증가했지만 카렌토크들
이 곧바로 생산량을 늘려 잡지 않았고, 그 덕에 가격 인상
(즉, 마진의 증가)을 통해 추가 지출의 혜택을 고스란히 누
릴 수 있었다.* 가격 인상의 결과를 구체적으로 살펴보면,

카렌토크들의 이윤
= 투자 지출 + 소비 지출
↓
"칼레키 법칙"

---

* 농업 분야에서 배당금 도입의 즉각적인 결과(즉, 생산자들이 생산량을 늘려 잡기 전
까지)에 대해서는 표5를 참조할 것.

화폐로 지급되는 명목 임금은 전과 동일했으므로 실질 임금은 감소한 셈이었다. 노동자의 임금 구매력이 감소한 만큼 카렌토크들의 이윤은 증가했다. 결국 가격 인상 이면에는 노동자들의 구매력 일부가 카렌토크들에게 이전되는 과정이 숨어 있었던 것이다. 이런 이전이 가능했던 것은 카렌토크들이 중앙은행에서 대출받은 돈으로 스스로에게 배당금을 지급함으로써 소비를 위한 지불 능력을 확보할 수 있었기 때문이다.

이 단계 다음에서 농업 분야의 생산량 증가가 이루어졌다. 작물 가격 인상 덕분에 20번 이후의 밭에서도 수익을 낼 수 있게 되었다. 노동자 임금은 여전히 주급 4토픽이었으므로 황금기를 지나며 수확량이 15.8kg이 된 21번 밭은 작물 가격이 1kg 당 0.25토픽에서 0.281토픽으로 오른 후부터 수익을 낼 수 있게 되었다. 22, 23, 24번 밭도 마찬가지였다.

몇 주간 적응기를 거친 뒤, 마침내 21, 22, 23번 밭이 전체 생산 과정에 안정적으로 편입되었다.* 24번 밭은 매주 7센트의 수익이 가능했지만 밭 주인은 밭을 새로 경작하는 데 필요한 비용의 수익을 내지는 못할 것이라고 판단

* 표6을 참조할 것.

하고 휴경 상태로 두었다. 그리하여 전체 생산량이 400kg
에서 446.2kg으로 증가했고, 그 결과 가격은 하락했다.
그러나 생산량이 증가한 비율(11%)만큼 가격이 떨어진 것
은 아니었다. 새롭게 생산에 투입된 노동자 3명의 추가 지
출(12토픽) 때문에 전체 작물 수요가 증가했기 때문이다.
그 결과 작물 가격은 최종적으로 1kg당 0.279토픽으로
고정되었다.

지금의 작물 가격
1kg = 0.279토픽

　자본재 생산 분야에서도 경쟁이 이루어지면서 각 공장
들은 가격을 낮추고 생산량을 늘려 잡았다. 새롭게 경작
되기 시작한 밭에 농기구를 공급해야 했기 때문이다. 전
체 경작 면적이 늘어나자 작물 생산량과 고용이 늘었고,
카렌토크들이 배당금 지출을 통해 획득했던 이윤은 여전
히 12.5토픽이었지만 가격 인하 덕분에 구입할 수 있는 작
물의 양은 늘어났다. 카렌토크들이 소비 지출을 통해 실
현하는 이 이윤은 예전에 비해 노동자 실질 임금(가격이 다
소 인하되었으므로 실질 임금도 조금 증가했다)에 덜 의존하
게 되었고, 대신 추가로 경작을 시작한 밭에서 나오는 수
익에 소금 더 의존하게 되었다.

　해피스톤은 일단 자신이 세운 계획의 결과들을 훑어본

뒤에, 카렌토크들의 이윤 증가는 노동자 실질 임금의 감
소(아직 생산량이 증가하지 않았을 때) 혹은 생산량 증가(마
진의 증가가 생산량 증가를 촉진할 때)에서 비롯된다는 사실
을 확인했다. 어느 쪽이든 간에 이윤의 총합은 카렌토크
들의 지출의 총합과 정확히 일치했다. 카렌토크들이 전체
생산 작물 중에서 일정 부분을 자신의 소유로 만들 수 있
었던 것은 일을 더 열심히 하라고 노동자들을 채찍질해서
라기 보다는 미래의 이윤이 자신들의 지출 증가를 담보해
준다는 근본적인 믿음이 있었기 때문이었다. 이 믿음은 모
든 이들에 의해 암묵적으로 공유되는 순간 현실에서 실현
되었다. 왜냐하면 전체적으로 봤을 때 카렌토크 각자의
지출이 그 실현을 서로 도왔기 때문이다. 카렌토크들 사
이의 이윤 차이는 각 밭의 생산성 차이에서 비롯되었다.
또한 적절한 투자와 합리적인 배당금 금액을 설정할 수 있
는 능력에 달려 있었다. 이런 능력이 가장 떨어지는 카렌
토크들은 다른 카렌토크들의 이익을 위해 일하는 셈이었
다. 반대로 능력이 좋은 카렌토크들은 서툰 카렌토크들
로부터 이익을 취했다. 카렌토크들의 이윤 총합은 각 카
렌토크의 지출을 모두 합한 금액과 일치했다. 그리고 각

카렌토크의 이윤은 각자의 상대적 능력에 따라 달랐다. 각 카렌토크가 '획득'하고 '실현'한 이윤은 말 그대로 이윤을 생산하는 능력에 따라 지급된 보수와도 같았다.

어느 날 저녁, 해피스톤은 졸린 눈을 비비며 칼도크에게 지금까지의 결론을 설명해 주었다. 그녀는 감동어린 표정으로 그의 말을 경청했다. 그러고는 갑자기 말도 없이 자신의 집으로 뛰어가더니 몇 분 뒤에 책 한 권을 들고 돌아왔다. 이미 망고나무 새싹의 향이 조용히 주위를 감싸며 퍼져 나가는 새벽 시간이었다.

"며칠 전에 발견한 구절 하나를 읽어 드릴게요. 잘 들어 보세요, 존 메이너드 케인스의 시詩에요. 저에겐 시처럼 들리거든요. 들어 보면 아실 거예요."

여기서 이윤(혹은 손실)의 특수한 점 하나를 짚고 넘어 가야 한다. 우리가 특정 수입을 따로 분리해서 사고해야 하는 이유도 이 때문이다. 만약 경영자들이 자신들의 이윤 중 일부를 소비에 지출한다면, 정확히 그 지출 금액만큼 소비재 판매 수익이 증가하게 될 것이다. (……) 경영자들이 소비 지출에 투입하는 금액이 얼마는 상관없이 그들에게 귀속되는 자산의 증가(투자)는 이전과 동일하게 진행될 것이다. 경영자들에게 자본 증식의 원천인 이윤은 풍족한 생활을 위해 얼마나 많은 금액이 소비 지출에 사용되는지와 관계없이, 영원히 마르지 않는 과부의 물동이와 같다. 반면 만약 경영자가 손실을 입게 되었다면, 그래서 지출을 줄이고 절약을 통해 그 손실을 메우려고 한다면 그 물동이는 다나이데스의 통[*]처럼 영원히 채워지지 않을 것이다. 왜냐하면 그들이 절약한 소비 지출 금액만큼 소비재 생산자들은 손실을 볼 것이기 때문이다. 결과적으로 절약을 위한 노력에도 불구하고 경영자 계급 전체로 봤을 때 그들의 자산은 처음 감소한 양만큼 또다시 감소하게 될 것이다.[•]

"참으로 아름다운 시군요." 해피스톤은 슬픈 눈빛으로 허공을 바라보며 중얼거렸다.

그 시는 며칠 전부터 불면증에 시달리고 있는 해피스톤의 머릿속을 맴돌던 경구와 잘 맞아떨어졌다. 그 경구는 다음과 같았다.

임금 노동자들은 번 만큼 쓴다.
자본가들은 쓸수록 번다.

---

[*] 밑 빠진 독이라는 뜻. 다나이데스는 그리스 신화에 나오는 다나오스의 50명의 딸들로 지옥에서도 구멍 뚫린 항아리에 물을 채워야 하는 형벌을 받았다.

[•] John Maynard Keynes, 《A Treatise on Money》(1930), vol. 1, in The Collected Writings of John Maynard Keynes, vol. 5, London, Macmillan, 1971, p. 125.

　　밤마다 그의 머릿속을 괴롭히는 이 문장이 곤혹스러웠던 이유는 이것을 어디에서 배웠는지 기억이 나지 않았기 때문이었다. 밤마다 누군가가 그의 귓속에 그 문장을 속삭이기 전까지는 생각하지 못했었다. 하지만 이제 그 문장이 그의 잠자리를 점령한 이상, 그 문장을 자신이 지어낸 것은 아니라는 사실이 확실해졌다. 출처는 기억나지 않지만 기억 어딘가에 숨어 있다가 이제야 모습을 드러냈다고 보는 편이 옳았다. 그렇다면 도대체 어디서 배웠단 말인가? 갑자기 그 질문이 무게감 있게 다가왔다. 이 경구 하나에 그가 경제학에서 배운 모든 흥미로운 이론들이 요약되어 있었기 때문이다. 해피스톤은 자신이 경제학을 공부하던 당시에 혹은 경제학자로서 활동하면서 이 경구를 접한 적이 있는지 기억을 더듬었다. (그 생각만으로 해피스톤은 수치심을 느꼈다.) 어쩌면 경제학 변천사의 한 길목에서 그의 잠재의식 속에 기록된 것인지도 몰랐다. 해피스톤은 다정한 눈빛으로 칼도크를 바라보며 시를 읽어 준 것에 감사했다. 그러고는 자신도 모르게 중얼거렸다.

"임금 노동자들은 번 만큼 쓴다. 자본가들은 쓸수록 번다."

　그러고는 주저하는 기색 없이, 방금 한 말의 논리적 귀결이라도 되는 듯 다음과 같이 덧붙였다. "내일부터 짐을 꾸려야겠어요. 이곳 사람들은 더 이상 나를 필요로 하지 않아요."

　칼도크는 오랫동안 침묵했다. 하지만 그 침묵 속에서 그녀의 감정 상태를 알 수는 없었다. 마침내 그녀가 입을 열었다.

　"그렇게 일찍 떠나실 수는 없을 거예요."

　순간 잠이 확 달아난 해피스톤은 다음 말을 기다렸다.

　"부갱빌 씨가 결혼해요. 이곳에서 해피스톤 씨는 그분에게 유일한 가족 같은 분이잖아요. 부갱빌 씨에겐 당신이 필요할 거예요. 그러니 조금만 더 머물러 주세요." 칼도크가 말했다.

　"누구랑요?" 해피스톤은 깜짝 놀라 물었다. (하마터면 "결혼을 한다고요?"라는 말이 튀어나올 뻔 했다.)

　"어제 아침에 부갱빌 씨가 사슈트 왕을 찾아와 제 셋째 여동생과의 결혼을 승낙해 달라고 부탁했어요. 사슈트 왕은 허락했고요. 저는 동생이 부갱빌 씨처럼 좋은 남자와 결혼하게 되어 기뻐요. 저보다 먼저 결혼하는 건 조금

질투가 나지만요."

"결혼식 날까지 머물도록 하지요. 대신 카두크에게 제 임무 종료를 알리겠어요. 더 이상 제가 할 일이 없으니까요. 앞으로는 당신 혼자서도 잘 해나갈 수 있을 거예요." 해피스톤이 칼도크를 향해 미소 지었다.

황금기의 종말과 금융자본주의

3개월 뒤에 부갱빌의 결혼식이 열렸다. 해피스톤은 그동안 일종의 장기 휴가를 가졌다. 그는 토암바에서 벌어지는 일들을 관찰하며 마치 무중력 상태에서 사는 듯한 낯선 시간을 보냈다. 공식적인 경제 고문 자리에서 물러난 뒤 그에게 남겨진 유일한 직함은 참관인이었다.

토암바 인들은 해피스톤의 임무 완료를 축하하는 파티를 열어 주었다. 매우 훌륭한 파티였다. 많은 이들이 참석해 해피스톤에게 따뜻한 인사를 건넸다. 해피스톤이 처음 도착했을 때처럼 음악과 춤도 빠지지 않았다. 타로를 비롯한 여러 음식이 곁들여진 다양한 요리도 푸짐하게 차려졌다. 참석자들의 연설도 이어졌다. 토암바 섬의 지도자

들과 각 계층의 대표자들(카렌토크 대표 쿨부트, 노동자 대표 트리메크 등)이 차례로 인사를 했다. 그리고 공식 연설은 사슈트 왕이 직접 했다. 이제 중요한 결정권은 아들에게 넘기고 상징적인 지위만 유지하고 있던 그가 직접 연설을 하겠다고 나선 것은 해피스톤에게 큰 영광이었다. 카두크가 연설문의 골격을 짜고 사슈트 왕이 살을 붙였다. 연설문의 내용과 어조에서 진심으로 감사하는 마음이 느껴졌다. 그렇다고 지나치게 과장된 인사치레로 들리지는 않았다. 사슈트 왕은 무엇보다 해피스톤이 달성한 임무를 강조했다. 처음 해피스톤에게 맡겨진 임무가 재배 작물의 다원화였던 만큼 임무에 성공했다고 볼 수 있었다. 그는 또한 기술적 진보 덕분에 자신의 신민들이 편하고 풍족한 생활을 할 수 있게 되었다며 치하했다. 해피스톤은 이 늙은 왕의 평가가 정당하고 적절하다고 생각했다. 해피스톤은 사슈트 왕이 전문가로서 자신의 임무 종료에 대해 언급하는 순간에 특히 주의를 기울였다. 어떤 용어를 사용해야 할지에 대해서는 이미 카두크와 의논을 해둔 터였다. 해피스톤은 분명한 방식으로 자신의 임무 종료가 토암바 인들이 경제 분야에서 완전히 자율성을 되찾는 계기가 되기를 원했다. 또한 그 순간 이후부터 토암바 인들이 직면할지도 모르는 어떤 충돌이나 불행한 사건들에 대해 자신에게는 어떤 책임도 없음을 분명히 하고 싶었다. 이제 토암바 인들은 스스로 자신의 운명을 개척해야 할 터였다. 해피스톤은 사슈트 왕이 이 점을 명확하게 언급해 준 것에 안도의 한숨을 내쉬었다. 덕분에 해피스톤은 모든 책임을 내려놓고 저명한 경제학자로 돌아갈 수 있게 되었다.

카렌토크들 역시 해피스톤에게 진심어린 감사의 마음을 전했다. 쿨부트는 해피스톤의 도움으로 카렌토크들이 경작 기술의 현대화를 위해 노력함으로써 섬 전체에 번영을 가져왔다는 점을 강조했다. 그는 카렌토크들이 노동자들의 처지를 지속적으로 개선하는 데 기여했다는 점을 들어 자신들이 얻는 이윤이 정당하다고 주장했다. 그러나 노동자들의 대표로 나선 트리메크는 그 의견에 전적으로 동의하지 않았다. 그는 기술적 진보가 노동자들의 삶의 질을 개선하는 데 기여했다는 점을 인정하면서도, 도구와 생산 설비, 기계, 인프라 등 모든 자본재를 직접 생산함으로써 진보를 앞당긴 것은 바로 자신들이라는 점, 그럼에도 자본재를 물리적으로, 정신적으로 소유하는 것은 카렌토크들이라는 점을 강조했다. 그는 또한 기술적 진보가 노동자들보다 소비자들에게 더 많은 혜택을 줬다고 덧붙였다. 예전에는 서로 구분되지 않았던 이 두 주체가 이제 토암바 인들에게 양면적인 의미를 갖게 되었다. 소비자들은 일주일 노동의 대가로 받은 임금으로 이전보다 네 배 더 많은 상품을 살 수 있게 되었지만 노동의 강도가 가벼워진 것은 아니었다. 기계가 도입된 뒤 조상 대대로 물려받은 경작 방식을 고수하며 맨손으로 밭을 일구던 때보다 육체와 정신의 마모가 더 심해지고 자율적인 노동도 불가능해졌다는 게 그의 생각이었다. (트리메크는 이렇게 온건한 비판자의 역할을 담당했다.)

공식 발언을 적당히 마무리해야겠다고 생각한 카두크는 가벼운 어조로 전체의 의견을 아우르며 끝을 맺었다. "요컨대, 노동자들은 소비자로서의 행복을 대가로 카렌토크들에게 자신들에 대한 관리 권한을 위임한 셈이라고 할 수 있겠죠."

그러고는 예성된 일인 깃처럼 칼도크 쪽을 바라보며 해피스톤의 인간적인 면모에 대해 몇 마디를 부탁했다. 이제 해피스톤의 '인간적인' 측면에 대해 언급할 차례가 왔고 그 임무가 칼도크에게 주어진 것이다. 그 자리에 모인 사람들 중에 해피스톤이 경제학자이기 때문에 덜 인간적이라고 생각하는 사람은 아무도 없었다. 순전히 호기심에서 그의 인간적인 면모에 대해서 좀 더 알고자 하는 사람도 없지 않았다. 그러나 칼도크의 연설은 그 궁금증을 반밖에 해소해 주지 못했다. 칼도크는 파티가 끝나고 몇 주가 지나서까지 달빛 아래 단 둘이 얘기를 나눌 기회가 있을때마다 자신에게 주어진 역할을 제대로 하지 못했다며 해피스톤에게 사과했다. 그러나 해피스톤은 그녀를 원망하지 않았고 두 사람 사이는 더욱 돈독해졌다. (적어도 해피스톤은 그렇게 느꼈다.) 그 뒤로 몇 주 동안 해피스톤은 참관인이라는 새로운 직함이 제공하는 특권들을 마음껏 누렸고 그 특권은 시간이 지날수록 더 많아졌다. 그러나 해피스톤은 토암바 섬의 경제가 변화해 가는 양상을 모두 이해할 수 없었고 물론 그 결과도 예상할 수 없었다. 만약 이전의 임무를 계속 맡고 있었다면 온갖 현안들을 처리하고 앞날을 예측하느라 눈코 뜰 새가 없었겠지만 지금 그는 경제 현안들을 느긋하게 관찰하면서 2년 전 이곳

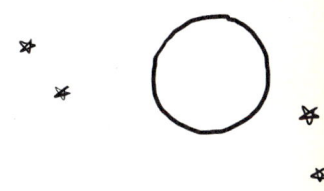

에 처음 왔을 때부터 지금까지 기록해 둔 노트들을 옮겨 적거나(노트가 스무 권이나 됐다), 곧 작별을 고하게 될 친구들과 유쾌한 대화를 나누며 시간을 보냈다. 그중에는 당연히 칼도크도 있었다.

경제의 변화 양상이 불투명해 보이던 이 시기 동안 한 가지 확실한 것은 지금까지 토암바 인들이 경험했던 급격한 발전이 멈췄다는 사실이었다. 그렇다고 경기가 후퇴한 건 아니었으므로 지속적인 생산성 증가 속도가 더뎌졌다고 보는 편이 맞았다. 하지만 때에 따라서는 생산량이 감소하기도 했다. 노동 생산성이 향상되는 속도도 정체 상태에 빠졌다. 이전 만큼 수입과 삶의 수준이 급속도로 향상되는 일은 더 이상 없었다.

이러한 발전의 중단은 그 자체로 당연해 보였다. 이제는 토암바 인들에게도 익숙한 말이 된 '황금기'가 끝나가면서 투자는 눈에 띄게 줄었고 그 속도(결국 투자 액수)도 이전에 비해 훨씬 느려졌다. 칼도크가 운영하던 자본재 생산 공장 중 한 곳은 문을 닫았다. 관찰만으로는 그 이유를 밝혀 낼 수 없었으므로 투자가 부진한 이유를 파악하기는 쉽지 않았다. (투자자, 즉 카렌토크들의 머릿속에 최

종적인 해답이 들어 있을 터였다.) 해피스톤이 보기에 생산성
증가율 감소와 투자 감소는 함께 일어날 수밖에 없는 현
상이었다. 그러나 이 둘이 정확히 어떤 관계인지 분명하지
가 않았다. 어느 쪽이 원인이고 어느 쪽이 결과일까? 투
자가 감소하면 생산성이 이전 속도만큼 향상될 수 없는
것은 당연했다. 생산 공정 효율의 개선은 상당 부분 첨단
설비를 통한 새로운 생산 방식과 기술의 도입으로 가능하
기 때문이다. 그렇다면 생산성 증가율 감소를 초래하는
투자 감소의 원인은 어떻게 설명해야 할까? 이상한 결론
이지만 해피스톤은 생산성 증가율 감소 그 자체에서 원인
을 찾아야 한다고 생각했다. 더 정확히 말하면, 투자 계
획에 반영된 생산성 증가율 감소 예측을 원인으로 본 것이
다. 이론화하기는 힘들지만 해피스톤에게는 매우 중요한
결론이었다. 그는 이제 밭이나 공장에 새로운 도구나 기
계, 공정을 도입해도 이전만큼 생산량 증가를 경험할 수
는 없을 것이라고 생각했다. 직관적으로 얻은 결론이었
다. 그러나 그는 기술이 충분히 발전하면 자연스럽게 '정
체' 상태에 도달할 수밖에 없다는 식의 설명을 피했다. 대
신 그 자신이 경제 체제 구축에 참여했던 토암바 사회와

그곳만의 특수한 기술 진보 형태를 연관 지어 생각해 보았다. 이곳에서는 사회적인 변화가 기술 진보 속도를 따라잡지 못했다. 인간적, 사회적, 생태학적 측면에서 거의 변화가 없는 토암바 사회에서 기존의 것을 대체할 새로운 진보의 요소들이 등장하기는 어려웠다. 이런 환경에서 오로지 기술적 진보만 추구했을 때 정체 상태에 빠지는 것은 당연한 귀결이었다. 도구와 기계 그리고 생산 방식은 진보하는 노동 조직의 특수한 형식을 규정하고, 동시에 기존의 인프라 네트워크 속에서 사회적 역할 분담에 대한 동의를 바탕으로 재화를 상품으로 변형하는 특수한 형식을 규정한다. 정체 상태에 빠진 것은 바로 이 때문이었다. 이 모든 요소들이 퍼즐 조각처럼 일관되고 효율적으로 결합되었던 순간에, 혹은 재료들과 상품, 인프라, 사람들의 태도 등이 유기적인 연관 속에서 기능했던 순간에 토암바 섬의 경제는 최고의 번영을 누릴 수 있었다. 그런데 그 힘이 지금은 한계에 부딪힌 것이다. 즉, 상품과 소비, 생산 방식, 적용 기술 등을 둘러싼 조직의 점차적인 발전(사회적, 정치적, 제도적, 상상적)이 생산성 향상을 가능케 했고 이제 그 조직의 한계가 드러나고 있는 셈이었다. 만약 이 퍼

즐 조각들 중 하나라도 바꾸지 못한다면 더 이상 미래는
과거를 뛰어넘을 수 없을 것이다. 해피스톤은 전망의 부
재가 투자를 가로막는 장애물 중 하나라고 생각했다. 투
자를 통한 기대 이익이 줄어들자 결과적으로 카렌토크 간
의 투자 경쟁도 이전에 비해 느슨해진 것이다.

　해피스톤은 이 요지부동의 퍼즐 조각들 속에 지속적인
자본 축적을 가능케 해줄 수 있는 새로운 상품 개발이라
는 요소가 빠졌음을 발견했다. 이는 투자 촉진에 기여할
수 있는 요소이다. 산업적 혹은 전前산업적 공정을 통해 쉽
게 재생산이 가능하고, 노동자들의 활동과 에너지를 상
당 부분 동원할 수 있는, 그리고 토암바 인들의 사회적 상
상력 속에서 성장하는 억누를 수 없는 욕망을 만족시켜줄
수 있는 그런 상품은 무엇일까? 해피스톤은 고민했다. 경
영자의 역할은 시민들이 상상하는 행복을 상품으로 변형
시키는 것이고 투자가 그것을 현실화하는 것이라면, 재화
를 상품화할 수 있는 결정적인 역할인 이 상상력이 제대로
작동하지 못한다고 볼 수 있다. 아니면, 새로운 상상력으
로 업데이트되지 못했거나. 어쨌거나 새로운 엘도라도를
향한 지평선이 안개 속에 묻혀 보이지 않게 된 것이다. 물

론 토암바에 새로운 상품이나 분야가 등장하지 않았던 것은 아니다. 이발관도 생겼고 문신을 새겨 주는 가게도 문을 열었다. 직업 치료사, 교사도 등장했고 새롭게 재배되는 작물들을 모두 맛볼 수 있는 독특한 식당과 탁아소, 카누 수리점, 민속 공연단도 생겼다. 심지어는 우리가 소위 '사창가'라고 부르는 성격의 업소도 생겼다. (주민 중 누구도 그것을 문제 삼지 않았다.) 이 새로운 분야들은 토암바 섬의 경제가 발전함에 따라, 농업 분야에서 노동 시간이 단축됨(이미 확인했듯이 생산성이 급격히 향상된 덕분에 가능했다)에 따라 점점 중요한 위치를 차지했다. 이 새로운 분야는 급격한 생산성 향상을 확인하기 힘든 활동들을 포함했다. 서비스 공급은 그 성격상 혹은 공급자의 의도 때문에(교육, 민속 공연단, 사창가) 일정한 수준 이상으로 생산성이 향상될 수 없었다. 또한 생산량을 객관적으로 측정하거나 소비자의 만족도를 파악할 만한 물질적인 기준이 없다 보니 생산성 평가가 어려웠다. 어쨌든 이 새로운 분야는 투자의 정당성을 획득하기 위해 생산성 증가율 예측에만 의존할 필요는 없었다. 투자자들은 서비스의 질과 생산성 향상의 관계를 명확하게 인식하지 못했다. 결

과적으로 이 분야 종사자들은 경쟁적인 투자로부터 어느
정도 자유로울 수 있었다.

  원인을 완벽하게 파악하기는 힘들었지만, 어쨌든 투자
감소는 분명한 현실이었다. 공장 중 한 곳이 문을 닫았다
는 것은 전체 투자액이 5분의 1 감소했다는 것을 의미했
다. 생산 자본 축적 속도가 느려지기 시작하자 결과는 곧
바로 감지되었다. 우선 경제 전반에서 이윤이 감소했다.
해피스톤이 '칼레키의 법칙'이라고 부르는 그 원리 때문이
었다. 밭 일부가 경작을 단념하고 서비스 제공자 일부가
문을 닫았다. 투자 감소는 자본재 생산 분야의 생산량 감
소에 그치는 것이 아니라 이윤 감소를 통해 전체 분야의
생산 위축을 초래했다. 카렌토크들의 이윤이 사회 전체의
투자 지출에서 비롯된다는 사실을 인정한다면, 그 지출이
5분의 1 감소하면 이윤을 창출하는 생산량 역시 그만큼
감소했다고 볼 수 있다. 반면, 이윤의 일부가 카렌토크들
의 소비 지출에서도 비롯된다고 보면 감소분이 어느 정도
상쇄될 수는 있었을 것이다. 그럼에도 해피스톤은 투자
금액과 경제 활동 수준 사이에 상당히 엄격한 승수적乘數的
관계*가 성립한다는 사실을 확인했다. 이윤 창출이 가능

투자 감소 → 이윤 감소 → 생산 위축

---

* 승수효과(multiplier effect)에서 온 말이다. 경제 현상에서, 어떤 경제 요인의 변화
  가 다른 경제 요인의 변화를 가져와 파급 효과를 낳고 최종적으로는 처음 몇 배의
  증가 또는 감소로 나타나는 총 효과를 의미한다. 케인스는 투자 증가와 그 결과인
  소득 증가 사이의 투자 승수를 경제 이론의 중심에 놓았다. 케인스는 이 이론에 따
  라 투자 증가로 소득이 증가하고 소비재 수요가 유발되어 소비재 생산이 증가하면
  서 누적되는 소득 증가분을 계산했다.

한 경제 활동의 규모가 카렌토크들의 소비 지출과 함께
투자 지출에 의해 결정되기 때문이다. 따라서 각각 다른
시기의 총 투자와 경제 활동 수준 비율을 계산해 보면 투
자가 활발하든 부진하든 그 결과는 일정한 비율에 고정
되어 있음을 알 수 있다. 해피스톤은 한 사회의 투자 노력
을 측정하는 데 이 비율을 기준으로 삼아서는 안 된다고
노트에 적어 두었다. 두 개의 변수가 서로 독립적이지 않
기 때문이다. 투자 규모가 얼마이건 간에 투자가 일정 비
율로 이윤에 영향을 미친다는 원리에 의해 전반적으로 '투
자율'이 유지되는 것이다. 따라서 한 사회의 투자 노력을
평가하기 위해서는 시기별로 변화하는 투자 규모(자본 스
톡으로 환산된 수치)를 기준으로 삼아야 한다. 어쨌거나
토암바 섬에서 투자 노력이 감소하고 있음은 확실했다.

　그 다음 단계는 더 쉽게 이해됐다. 일부 밭의 휴경과 몇
몇 상점과 공장의 폐업으로 가시화된 경제 활동 둔화로
인해 고용이 현격하게 줄어들었다. 일자리에서 쫓겨난 뒤
새로운 일자리를 찾지 못한 노동자들이 순전히 '비자발적'
으로 실업자 신세가 됐음을 부정할 사람은 아무도 없었
다. 이 실업자들 중에서 다른 고용주가 제시한 임금을 받

고 기꺼이 다시 일을 하고 싶은 사람이 몇 명이나 될지 짐
작하기는 어려웠다. (사실 이미 오래전부터 발라 의식은 열리
지 않고 있었다.) 그러나 빠른 속도로 일자리 수가 줄고 있
고, 일자리가 아직 존재하던 불과 얼마 전까지만 해도 노
동자들이 지금의 임금을 받아들였다는 점을 고려하면, 이
들이 '비자발적'으로 실업자가 됐다는 것은 의심할 여지가
없었다.

자본 축적 부진과 실업률 증가가 시작된 초반기에 나
타난 가장 두드러진 현상은 동시다발적인 인플레이션이
었다. 해피스톤은 이 현상을 잘 알고 있었다. 경제학에서
'스태그플레이션stagflation'*이라고 부르는 현상이었다. 해
피스톤의 머릿속 프로그램은 이 병리적 현상을 경제적 현
실로써 해석하는 부동의 기준으로 삼고 있다고 해도 과언
이 아니었다. 다른 동료들과 마찬가지로 해피스톤 역시
이 이론적 구조물(오늘날에도 여전히 유효한 이론으로 '구조
적 실업률 이론'이라고 불린다)을 쌓아 올리는 데 일익을 담
당했다. 인플레이션율 증가, 실업률의 지속과 증가, 노동
시장의 불완전성 등을 한마디로 설명하려는 야심에서 탄
생한 이론이었다. 그러나 '현장'에서 사건들을 직접 목격

---

* 스태그네이션(stagnation)과 인플레이션(inflation)의 합성어로, 거시경제학에서 고
물가(인플레이션)와 실직, 경기 후퇴(스태그네이션)가 동시에 나타나는 경우를 뜻한
다. 스태그플레이션이 진행되면 총 공급이 줄어들어 물가가 오르고 GDP가 후퇴하
며 이 결과 투자 위축이 발생하여 실업률이 상승한다.

한 해피스톤은 이 국면에서 대단한 이론이 도출될 수 있으리라고 생각하지 않게 되었다.

황금기가 끝나가면서 노동자들의 화폐 임금은 오르기 시작했다. 완전 고용 상태가 오랫동안 지속되면서 임금 협상력이 강화된 노동자들의 화폐 임금 인상 요구가 관철되었기 때문이다. 엄청난 속도로 향상되던 생산성으로 임금 인상이 상쇄되던 때에 물가는 임금 인상의 영향을 받지 않았다. 단위 생산물 생산에 투입되는 필요 노동 시간 단축 덕분이었다. 그러나 생산성 증가율 둔화로 황금기가 끝나고 투자 감소로 실업률이 오르기 시작했음에도 임금 인상 요구는 계속됐다. 이제 생산성 향상만으로는 임금 비용 인상분을 만회할 수 없게 되었고 결과적으로 임금 인상분이 가격에 반영되었다. 이것이 인플레이션의 시작이었다. 일단 노동자들이 물가 상승률을 반영한 임금 인상을 요구했고, 임금 인상이 물가 인상을 초래하고 다시 임금이 인상되는 악순환이 계속됐다. 해피스톤에게는 물가와 임금의 연쇄 상승이 특별한 일이 아니었다. 이는 생산성 증가 속도와 임금 인상 요구 간의 괴리에서 비롯된 것이었다. 물가를 따라잡기 위해 임금 인상 요구가 계속되

〈인플레이션의 시작〉
투자 감소
↓
실업률 상승
↓
임금 인상 요구
↓
임금 인상분이 가격에 반영
↓
물가 인상

면서 이 괴리는 계속 유지된다.

따라서 해피스톤은 '지나친' 임금 인상 요구가 인플레이션의 원인이라고 보았다. 그러나 그것이 실업률 증가 현상을 설명해 주지는 못했다. 인플레이션과 실업률 증가는 동시에 발생했지만 그 원인이 서로 연결되어 있는 것은 아니었다. 실업률이 증가하는 것은 투자가 감소했기 때문이었고, 인플레이션이 발생한 것은 생산성 증가율이 둔화되는데 임금 인상 요구는 계속되기 때문이었다.

그러나 이 새로운 상황에 대처하는 토암바 당국의 방식은 문제 해결에 아무런 도움이 되지 않았다. 해피스톤과 달리 카두크는 스태그플레이션을 하나로 이해했다. 다시 말해, 인플레이션과 실업의 원인이 같다고 생각했다. 임금 노동자들의 협상력이 지나치게 강화되어 가격과 임금 인상의 악순환이 계속되고, 그 와중에 노동자들은 인플레이션이 진행됨에 따라 물가 상승률이 반영된 임금 인상안을 고용주에게 제시할 수 있는 위치가 되었다고 생각한 것이다. 노동자들의 임금 협상은 화폐 임금을 기준으로 진행되었지만 예상 인플레이션율을 고려해서 인상안을 내놓았으므로 실질 임금이라고 할 수 있었다. 높은 고용율 덕분에(고용율이 높으면 고용 불안정이 감소하므로) 노동 비용 책정에 강한 영향력을 행사하면 할수록 노동자들은 자신의 입장에 반하는 행동을 하는 셈이었다. 고용 증가가 실질 임금 증가로 이어지기 때문에 그들 자신이 고용 증진에 반하는 입장에 서게 된다는 것이 카두크의 생각이었다. 그런 맥락에서 그는, 경제 활동과 고용 활성화를 위한 노력들은 인플레이션과 실질 노동 비용의 상승(고용 촉진을 위한 노력을 무위로 만드는 요인)이라는 벽에 부딪힐 수밖에 없다고 생각했다.

자신의 분석에 자신감을 얻은 카두크는 대출의 급격한 증가가 스태그플레이션의 원인 중 하나라는 결론까지 나아갔다. 임금과 투자 지출, 배당금 지급을 위한 대출을 너무 쉽게 해주다 보니 통화량이 팽창했고, 수용 가능한 수요와 공급이 한계점을 넘어 버렸다는 것이었다. 또한 통화량 팽창으로 인한 인플레이션 역시 노동자들의 협상력을 강화시키는 요인이 되는 악순환이 어어졌다.

한 가지 확실한 것은 카두크의 생각에는 적절한 근거가 없다는 것이었다. 그때부터 해피스톤은 카두크와의 논쟁에서 이길 수 없게 되었다. 이는 해피스톤이 앞으로 벌어

질 사태에 대한 책임을 피하기 위해 카두크와의 논쟁에서
이기려고 애쓰지 않았기 때문이기도 하지만 더 중요한 이
유는 다른 데 있었다. 스태그플레이션에 대한 해피스톤의
이론은 통합적이지도 않고(따라서 카두크의 이론보다 덜 깔
끔해 보였다), 독창적이지도 않았다. 더욱이 그는 카렌토
크들의 이윤 감소에 노동자들은 책임이 없다고 주장하는
셈이었다. 해피스톤의 이론에 따르면, 이윤 감소는 투자
감소에서 비롯된 직접적인 결과였다. 어쨌든 해피스톤의
입지가 약화된 것은 그가 확실한 해결책을 제시하지 못했
기 때문이었다. 당시는 문제의 원인보다 해결책을 찾아내
는 것이 절실했다. 만약 해결책이 있다면, 그것은 오직 강
력한 투자 활성화를 통해서만 가능했다. (해피스톤은 그
사실을 너무도 잘 알고 있었다.) 그러나 모든 요소들을 검
토해 본 결과는 비관적이었다. 해피스톤은 자신의 사고
방식이 더 이상 유효하지 않다고 느꼈다. 더 이상 자신의
무력감을 지적인 승리로 포장할 수 없었다. 진정한 문제
를 찾으면 바로 그곳에 해결책이 있다는 믿음이 조금씩
깨졌다. 그는 이 새로운 깨달음 앞에 굴복했다.

　당면한 문제를 오직 한 가지 관점에서 파악하여 명확하

고 급진적인 해결책을 제시하는 카두크가 유리할 수밖에 없었다. 카두크가 내놓은 해결책은 자본 축적이 부진한 카렌토크들의 책임을 면제해 주는 동시에 노동자들이 그 속죄의 짐을 짊어지게 하는 결과를 초래했다. 모든 문제의 원인은 노동자들의 협상력이 지나치게 강화되었기 때문이라고 믿었기 때문이다. 따라서 먼저 그들의 협상력을 약화시키고 마지막에는 박탈해야 했다. 우선, 협상력을 약화시키려면 적절한 판단 없이 지출 계획을 지원하고 인위적으로 수요를 진작시키기 위해 쉽게 대출해 주던 관행을 중단하면 되었다. 수요가 감소하면 경제 활동이 둔화되면서 고용 감소와 실업률 증가로 이어질 것이므로 노동자들의 협상력도 감소될 것이다. 다음으로, 장기적인 관점에서 노동자들의 협상력을 박탈하기 위해서는 노동 시장에서 노동자들끼리의 경쟁을 부추기는 정책을 시행해 구조적인 개혁을 추진해야 할 것이다. 이를 위해 카두크는 우선 황금기 동안 이루어진 제도적 변화가 토암바의 고용 형태와 노동력 동원 방식을 어떻게 바꾸어 놓았는지를 평가했다.

1. 화폐 경제로 옮겨 가기 위해 발라 의식은 완전히 사라졌다. 그러나 경쟁 방식으로 실질 임금을 정하고 완전 고용을 보장해 주던 이 의식을 대신할 만한 제도가 자리 잡지 못했다.

2. 임금 노동자들이 화폐 임금의 방어와 인상을 위해 노동조합을 결성했다.

3. 노동자들은 병에 걸리거나 나이가 들어 노동하지 못하는 이들을 위해 보험 기금을 마련했다. 이 때문에 총 노동 비용이 더욱 증가했다.

4. 심지어 노동자들은 실업 상태에 빠진 동료들을 지원하기 위해 공동 실업 수당을 도입했다.

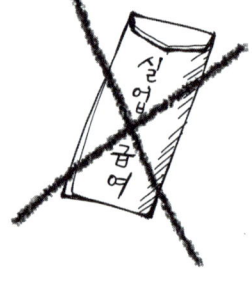

카두크가 특히 못마땅해 한 것이 바로 실업 수당이었다. 실업자들을 더 나태하게 만든다고 생각했기 때문이다. 카두크가 보기에, 토암바 섬처럼 도덕성이 확고하지 못한 곳에서 아무것도 하지 않는 사람들에게 돈을 주는 것은 두 가지 의미에서 범죄와 다름없었다. 하나는 이 수당 덕분에 실업자들은 취업을 제안 받았을 때 지나치게 높은 임금을 요구하게 될 것이며(다시 말해, 그들을 일터로 보내기 위해 카렌토크들은 더 많은 비용을 지불해야 한다), 다른 하나는 전체 노동자들은 고용 불안에 덜 시달리게 되어 더욱 강한 협상력을 갖게 될 것이다. 요컨대, 이 모든 제도적 장치들 덕분에 노동자들은 실업률을 증가시키는 상황을 만들게 된 것이다. 그러나 실업률이 줄어들면 노동자들의 협상력은 오히려 강화되어 인플레율을 높이는 결과를 초래할 것이었다.

따라서 구조 개혁의 목표는 분명해 보였다. 노동 시장을 완전 경쟁에 가까운 상태로 되돌리기 위해 이 제도적 장치들을 최대한 해체해야 했다. 가장 이상적인 형태는 실업자가 단 한 사람이라도 존재할 경우, 오직 경쟁의 원리에 의해서 취업자들의 임금이 인하되는 경우일 것이다.

카두크가 말했다. "실업률을 줄이기 위해서는 사람들을 다시 일터로 보내야 합니다. 그들이 적극적으로 일을 찾게 하려면 온갖 보조금들을 철폐해야 합니다. 적극적으로 일하게 만드는 것. 오직 그것만이 진정한 해결책입니다!"

해피스톤은 버섯을 따러 간다고 해서 버섯이 자라는 것은 아니라는 사실을 알면서도 카두크의 주장에 반대하지 않았다. 다만 카두크는 해피스톤에게 양보하는 의미에서, 노동 시장의 불완전성이 극복되면 그때 다시 경기를 부흥시켜 소비를 진작시키면 될 것이라고 말했다.

　그러나 그런 순간은 결코 오지 않았다. 카두크가 제안한 정책은 몇 주 동안 고집스럽게 추진되었지만 번영의 순간은 다시 오지 않았다. 이미 경제가 불황인 상태에서 통화 정책이 엄격해지자 대출이 어려워지면서 침체된 경제는 경기 후퇴로 악화되었고, 꼬리에 꼬리를 물며 경제 위기가 반복되었다. 이제는 뭐라 이름 붙이기도 힘들만큼 심각한 위기에 봉착하게 된 것이다. 경기가 후퇴하면서 우선 실업률이 급격하게 상승했다. 하마터면 두 번째 도구 제작 공장도 문을 닫을 뻔했다(생산량이 반으로 줄어들었다). 그 여파는 승수 효과로 인한 전체 경제 활동의 둔화로 이어졌다. 그 후 경제 성장률은 보잘것없는 수치나마 회복되는 듯 했지만 실업자들을 흡수하기에는 역부족이었다. 해피스톤이 보기에 이 상황은 다음과 같이 간단하게 요약될 수 있었다. 문제의 핵심은 자본재 생산의 부진이었다. 자본재 생산을 늘리면 카렌토크들은 실업자들에게 일자리를 제공해 줄 추가 생산의 수익성을 보장할 만큼 충분한 이윤을 얻게 될 것이었다.

　카두크의 정책 중 유일하게 성공을 거둔 것은 인플레이

경기 불황
↓
통화 정책 강화
↓
대출 불가
↓
경기 후퇴

선 억제였다. 카두크는 이것만으로 자신의 이론이 현실
속에서 증명되었다고 확신했다. 늦은 시간까지 해피스톤
과 토론을 벌이던 칼도크는 이 이야기를 언급하며 다음
과 같이 결론 내렸다.

"카두크는 독감에 감염된 사람들에게 수소 폭탄을 투
하해 바이러스를 박멸한 셈이에요. 그러니 독감이 치료됐
다는 사실에 누가 의문을 가질 수 있겠어요. 저 역시 경기
침체를 유도함으로써 인플레이션을 효과적으로 억제할
수 있다는 것에는 동의하지 않을 수 없어요. 그렇지만 가
장 적합한 방법이라고 볼 수는 없죠. (폭탄이 떨어져 죽은
사람들은 다 어쩌란 말인가.) 그동안 독감 바이러스가 퍼진
게 수소 폭탄이 없었기 때문이라고는 할 수 없잖아요!"

해피스톤은 그녀의 말에 동의했다. 그리고 순간적으로
떠오른 생각을 이야기했다.

"카두크는 자신의 관점이 옳다는 것을 증명할 근거를
찾아낼 거예요. 인플레이션을 잡는 데 성공한 것에 고무
된 나머지 실업률을 낮추려는 시도가 실패하면 할수록 같
은 정책을 반복하면서 강도를 높일 거예요. 경기가 회복
되지 않는 한 그는 수요를 진작시키기엔 너무 이르고 인

플레이션을 초래할 위험이 있다고 주장하며 더 강도 높은 구조 개혁을 시도할 거고요. 아직 구조 개혁의 효과가 나 타나지 않았을 뿐이라고 믿으면서 말이에요!"

이처럼 경기 침체가 계속되는 가운데 해피스톤은 토암 바 섬 경제에 찾아온 마지막 변화를 목격했다. 그러나 그 규모가 어느 정도인지는 파악할 수 없었다. 물론 그 결과 에 대해서도 마찬가지였다.

농업 생산 부문의 관리 쪽에 급작스러운 변화가 찾아왔 다. 사실은 매우 서서히 점진적으로 진행되어 사람들이 미 처 의식하지 못했기 때문에 급작스럽게 보였을 뿐이었다. 황금기 동안 농업 생산을 지휘하던 카렌토크들이 일선에 서 물러날 나이가 된 것이다. 그러나 그들은 자신들의 땅 을 다른 이에게 넘기고 싶어 하지 않았다. 그들은 경영 일 선에서 물러났지만 밭의 소유자로 남았다. 대부분 자신 의 아들에게 경작의 책임을 물려주었고 딸이나 사촌에게 물려주기도 했다. 그 결과 경영에서 물러난 각 밭의 소유 주와 경영자들 간의 새로운 관계가 형성되었다. 밭 주인 들은 자손들에게 그들의 역할이 사업을 키워가는 것(즉, 사업 확장을 위한 자본 축적)보다는 부모의 노후를 위하여

충분한 수입을 보장해 주는 것이라는 사실을 주지시켰다. 즉, 밭 주인들이 바라는 것은 분명했다. 밭 경영의 목적은 오직 그들의 이익이어야 했다. 따라서 밭 소유주에게 최대한 많은 배당금을 지불하기 위해 최대한의 수익을 올리는 것이 경영을 위임받은 사람들의 궁극적인 임무였다(부차적으로는 중기적中期的인 관점에서 수익률을 적정선에서 유지할 수 있을 정도로 배당금을 책정하는 것이 필요했다). 권위만으로는 부모들이 원하는 방향으로 다음 세대를 인도하는 것이 쉽지 않았기 때문에 그들에게 이윤의 일부 혹은 밭의 일부를 제공하는 식으로 목표를 공유하는 방식이 도입됐다.

목표가 분명한 만큼 투자와 배당금 지급과 관련된 경영 전략에 어떤 변화가 찾아왔는지도 분명하게 보였다(이 두 정책은 아들이 아버지의 지침에 따르기 위한 두 개의 축이 되어 주었다).

지금까지와는 비교할 수 없을 만큼의 수익률을 올려야 한다는 명령을 받들기 위해 경영자들은 점점 세밀한 투자 계획을 통해 엄격하게 관리했다. 이것이 신경영전략이 도입된 다음 가장 직접적이고 가시적으로 드러난 변화였다.

새로운 경영자들은 이제 울타리 수리, 관개 시설 설치, 관
개 수로 확장, 괭이 교체 등이 필요할 때 한 번 더 고민했
다. 이제 투자의 목적은 단지 이윤을 창출하는 것이 아니
라 새로운 요구를 만족시킬 만큼 충분한 이윤을 내는 것
이었다(밭 주인들은 축적된 생산 자본 스톡의 15%에 해당하
는 이윤을 요구했다). 여전히 이윤을 창출할 수 있는 다양
한 투자 계획이 존재했지만 그중 15%의 이윤 획득을 보장
하지 못하는 투자 계획은 제외되었다. 이 때문에 투자 지
출이 더욱 위축되는 결과가 초래됐다. 불안한 상태에서
유지되던 도구 제작 공장들이 차례로 문을 닫았다. 황금
기 동안 운영되던 총 다섯 개의 공장은 이제 두 곳만 운영
되고 있다.

　해피스톤은 투자 부진이 심화된 상황에서 그 결과들을
생각해 보았다. 거시경제학적 관점에서 보면 투자 지출
축소는 기업이 원하던 것과 반대의 결과를 초래할 것이다.
전체 투자액 중에서 추가로 삭감된 부분은 10토픽(공장
두 개를 처분한 가격)에 달했다. 이는 황금기에 카렌토크들
이 소비와 투자에 지출했던 금액(40토픽)의 4분의 1에 해
당됐다. '칼레키의 법칙'을 적용한다면, 전체 기업의 총 이

윤이 그만큼 감소한다는 것을 의미했다. 해피스톤은 '자본가들은 자신들이 쓴 만큼 번다'는 문구를 머릿속으로 되새겼다. 각 기업마다 더 높은 수익률을 올리기 위해 악착같이 노력하는 동안 기업주들은 전체적인 관점에서(지나치게 엄격하게 투자 계획을 선별함으로써) 결국 자신의 이익에 반하는 일을 하고 있는 것이다. 그 결과들은 매우 참혹할 수도 있었다. 그러나 실제로 그런 일이 벌어지지는 않았었다. 투자 지출은 줄어들었는데 수익률이 떨어지기는커녕 기존 수준을 유지하거나 다소 개선되기까지 했다. 도대체 어떻게 된 걸까?

해피스톤이 그 상황을 이해하기까지는 그리 오래 걸리지 않았다. 경영자들이 15% 수익률 달성이라는 엄격한 기준으로 투자 계획을 관리하는 동안, 밭 주인들은 투자 계획 합리화를 통해 절약한 돈을 자신들에게 지불해 줄 것을 요구했다. 낮은 수익성을 이유로 탈락한 투자 계획을 위한 자금은 밭 주인에게 반환되고 밭 주인들은 이를 합법적인 수입이라고 여겼다. 자신들이 그 자금의 투자처를 가장 잘 선택할 수 있다고 생각했고 그 결과 배당금 지급액이 폭발적으로 증가했다. 일부 경영자들은 투자를 위해 지출하지 않은 돈을 모두 배당금으로 지급하기도 했다. 경영자들은 밭 주인의 신뢰를 저버리지 않기 위해서, 혹은 사업의 수익률을 회복하기 위해서(사실상 이것이 모든 전략의 목표다) 더 열성적으로 새로운 경영 철칙을 지키려고 애썼다. 투자가 1토픽 줄면 배당금은 1~2토픽 증가하는 일이 심심찮게 벌어졌다. 이런 추가 지출은 그 자체로는 문제가 되지 않았다. 하지만 배당금 금액이 투자 계획 단념으로 절약한 액수 이상이면 나머지 돈은 당연히 대출로 충당되었다. 예전엔 통화 팽창 정책을 그토록 비난하던(인플레이션을 잡는다는 명목으로) 카두크는 새로운 경영 정책을 위한 지원에는 인색하지 않았다. 그러나 투자를 확대하거나 임금을 인상할 생각은 하지 못했다. 전체적으로 보면, 총 투자 감소분 10토픽은 밭 주인들에게 12.5토픽의 추가 배당금 형태로 지급된 것이었다.

결과적으로, 전체 경제에서 배당금으로 지급된 금액이 두 배로 증가한 셈이었다. 덕분에 밭 주인들이 추가적인 구매력을 갖게 되었고 새로운 수요가 급격히 증가했다. 대부분 안락하고 쾌적한 생활, 몸치장이나 과시, 가사 도우미 고용 등과 같은 수요였다. 몇몇 밭에서는 사업 확장이 이루어졌다(가령, 돼지나 닭을 키워서 요리를 해서 팔았다). 과시용 상품들(여성용 코트나 모자, 심지어는 관광 산업이 발전한 쿨라피크 섬 사람들이 즐겨 입던 수영복 등)을 파는 새로운 상점이 등장했다. 여유 있는 가정의 가사일을 덜어 주는 사업(탁아소, 빨래와 집 청소 대행, 사창가 등)은 날로 번창했다.

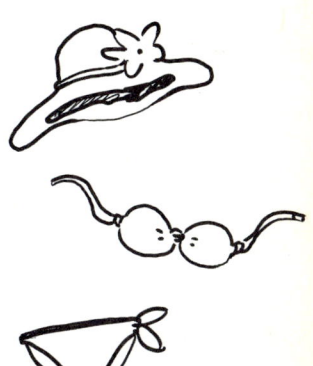

해피스톤이 모든 변화들을 종합적으로 살펴본 바에 따르면 얼핏 보아 급진적인 변화는 없는 듯 보였다. 황금기가 끝나고 토암바 섬의 경제가 침체 상태에 빠졌던 때(호황이 끝나고 긴축 정책이 도입되었을 때)에 비한다면 상황이 조금은 개선된 듯 보이기도 했지만 분명 파국으로 치달을 수도 있는 상황이었다. 그러나 때맞춰 지급된 추가 배당금(총 12.5토픽) 덕분에 수요가 늘어 투자 지출 감소분을 상쇄해 주었다. 그 결과 총 이윤이 조금 증가했고(40토픽에서 42.5토픽으로) 생산량도 증가했다. 그러나 증가량은 미미했다. 그 사이 수익률에 대한 요구가 더욱 엄격해졌으므로 그만큼의 수익률을 보장할 수 없는 추가 생산 계획은 배제되었다. 따라서 고용율 증가 역시도 미미한 수준에 그쳤다.

요컨대, 새로운 경영 방식은 한 손에 들고 있던 것을 다른 손으로 옮기는 것에 불과하다는 것이 해피스톤의 결론이었다. 칼도크도 그의 생각에 동의했다. 요즘 들어 그녀는 해피스톤의 의견에 너무 쉽게 동의했다. 해피스톤이 초반에 제시했던 생각에 그녀도 공감하기 시작했다는 것을 보여 주는 유일한 신호였다. 그러나 동시에 해피스톤의 생각을 정면으로 반박하고 나서기도 했다. 어쩌면 그녀의 입장 때문이었을지도 모른다. 투자재 제작을 책임지고 있는 그녀로서는 새로운 변화에 대해 중립적일 수만은 없었다. 벌써 세 개의 공장이 문을 닫았다(전체 이윤 5분의 3의 손실을 입었다). 그녀는 그 어느 때보다 지출을 줄여야 하는 상황에서 주변에 우아한 부티크들이 들어서고 신흥 부자들의 소비가 급증하는 것을 지켜봐야 했다.

"우리 경제에 큰 변화가 찾아온 건 사실이에요." 칼도크는 토암바에서 마지막 시간을 보내던 해피스톤에게 말했다. 그들이 처음 대화를 나누었던 바닷가의 그 장소로 함께 걸음을 옮기던 중이었다.

"아마도 좋은 일이겠지요." 해피스톤은 생각에 잠긴 얼굴로 대답했다. 미리 칼도크의 말을 예단한다는 인상을 주고 싶지 않았다.

"놀라운 변화예요. 최근에 카렌토크들의 지출 방식이 현격하게 변화했어요. 그들은 갈수록 적게 투자하고 많이 소비하고 있어요!" 칼도크가 흥분해서 말했다.

"최근 들어 분명 그런 변화가 있었지요." 해피스톤은 무감동한 어조로 대답했다. 그는 왜 칼도크가 그토록 흥분하는지 이해할 수 없었다.

"카렌토크들의 소비 지출이 U자형으로 상승하면서 실질적으로 놀라운 결과를 낳았어요." 칼도크는 여전히 흥분해 있었다.

"그래요. 카렌토크들은 덜 투자하고 더 소비하고 있지요." 해피스톤은 여전히 영문을 모른 채 대답했다.

"맞아요. 덜 투자하고 더 소비하고 있어요. 하지만 예전과 동일한 이윤을 내고 있죠! 카렌토크들 지출한 만큼 벌기 때문이에요. 마치 카렌토크들이 자본 축적 없이 이윤 배당을 받는 방법을 고안한 것처럼 말이에요!" 칼도크가 힘주어 말했다.

"그렇게 말할 수도 있겠군요. 자본 축적 없는 이윤 배당이라⋯⋯." 해피스톤은 생각에 잠겨 그녀가 한 말을 되새김질했다.

"이제 카렌토크들에게 수익을 올리기 위해 성장은 필요
하지 않아요. 심지어 경작 도구, 기계, 공장, 인프라 등을
축적하지 않아도 되죠. 물론 투자 경쟁이 치열하지 않고
배당금만을 목표로 삼는다는 조건이 있지만요. 늘어난
배당금이 이윤으로 연결될 수 있는 경우가 여기에 해당되
겠죠. 케인스가 예로 든 과부의 물동이처럼 말이에요!"

"오래전부터 알고 있던 사실이잖아요. 하지만 그게 가
능하려면 배당금 지급 경향이 전체적으로 일치해야 돼요.
누구도 대열을 이탈해서는 안 되죠." 해피스톤은 약간 흥
이 깨진 표정이었다.

"맞아요. 하지만 이미 출발부터 일치했다고 볼 수 있어
요. 거의 모든 카렌토크들이 퇴직과 동시에 독재적인 금리
생활자가 되었으니까요."

"정확한 지적이에요. 그 덕분에 그들은 계급 전체의 이익
을 수호하기 위해 나서게 된 셈이죠. 보통은 서로 경쟁하
는 관계인데 말이죠." 해피스톤은 그녀의 말에 동의했다.

"하지만 노동자들 입장에서도 경제 체제가(동시에 노동
자들 자신까지도) 완전히 바뀐 셈이에요. 이윤이 예전과는

완전히 다른 의미를 갖게 되었으니까요. 임금 노동자들이 수행하는 노동 중 일부가 예전처럼 투자재(밭이나 도구 공장에 축적되는 자본) 생산에 투입되지 않아요. 대신 카렌토크들의 안락한 생활과 사치를 위해 투입되죠. 도구와 기계, 인프라 등을 생산하던 때 토암바 섬 노동자들은 카렌토크들의 이익을 위해 일했지만, 자신들의 미래를 개선하는 일을 한다고 생각할 수 있었어요. 나중에 생산성 향상이라는 보답을 받게 될 테니까요. 그런데 오늘날에는 단지 '렌토크'들의 안락한 생활과 사치를 위해 일하고 있죠." 칼도크는 자신이 지어낸 이 별명이 마음에 들었다.

"오늘날 노동자들은 렌토크들의 소비를 위해 일하게 되었지만, 그들이 받는 임금은 지난 3개월간(영원이라고 할 수 있는 기간!) 조금도 오르지 않았어요. 임금 노동자들은 자본 축적 과정에 내재된 기술적 진보를 포기할 수밖에 없었던 거죠." 해피스톤이 그녀의 말을 보충했다.

"그리고 사회적 분노가 폭발하고 있어요 "카두크가 임금 노동자 가정도 대출을 받을 수 있도록 허가해 준(장려했다는 편이 더 맞다) 것도 그 때문이에요. 카두크는 수입이 오르지 않는 노동자들에게 상당히 많은 돈을 빌려 줌

으로써 그들의 구매력을 높여 주고 지출을 유도하고 있어
요." 칼도크는 이제 이야기가 결론에 이르렀음을 알렸다.

"카두크가 가계 대출을 시작했다고요? 통화 팽창에 그
렇게 반대하더니! 하지만 어떤 미래 수입이 그 대출을 보
증하죠? 사실상, 노동자들은 자신들이 쓰는 만큼 벌지
못하잖아요!" 해피스톤은 분노에 차서 숨이 넘어가는 소
리로 물었다.

"당신 말이 백 번 옳아요, 미친 짓이죠. 카두크가 그러
기로 결정한 것은 두 가지 이유 때문일 거예요. 먼저 자본
축적 방식의 개혁을 진행하기 위해서는 안전판이 필요했
겠죠. 축적 없는 이윤은 임금 노동자에게 가혹한 현실이
고, 그들에게 어떤 비전을 제공할 필요가 있었을 거예요.
그리고 두 번째로는, 1토픽의 임금 인상 없이 노동자들이
1토픽을 더 지출하게 되면, 경제 전체적으로는 이윤이 1
토픽 증가하게 되는 셈이잖아요? 임금 노동자들은 자신
이 쓴 것을 벌지 못하지만 자본가들은 노동자들이 대출
받아 쓴 것을 벌 수 있죠! 노동자들의 미결제 잔고가 늘
어나는 한에서 말이에요. 제가 말한 것에 대해서 천천히
생각해 보세요, 해피스톤 씨!"

두 사람이 토암바 경제에 대해 나눈 대화는 이것이 마지막이었다. 두 사람은 며칠 뒤 열린 부갱빌의 결혼식에서 다시 만났다.

성대한 결혼식 피로연은 사흘이나 계속됐다. 토암바 섬 주민들은 거의 다 모인 것 같았다. 사람들은 결혼식이 끝난 다음 날 토암바를 떠나는 해피스톤에게 미리 작별인사를 했다. 지난 2년 동안 토암바 인들은 이토록 거나하게 먹고 마신 적이 없었다. 해피스톤과 칼도크의 눈에는 참으로 슬픈 장면이었다. 마지막 날 밤 칼도크는 가능하면 해피스톤과 마주치지 않으려고 애썼다. 토암바 섬의 지체 높은 사람들은 해피스톤에게 끝도 없이 작별인사를 되풀이했다. 결국 칼도크가 끼어들었다.

"부갱빌 씨한테 들었는데, 뉴욕으로 가기 전에 열흘 정도 뉴기니에 머무실 거라면서요?"

"네, 뉴욕으로 돌아갈 때 친구들이 아직 그곳에 있으면 들렀다 가기로 약속했었거든요. 그런데 아직 거기에 있다는군요." 해피스톤이 조용히 대답했다.

"한 가지 부탁드려도 될까요?" 얼핏 뉴기니와는 별 상관이 없어 보이는 질문이었다.

"물론이죠."

"뉴기니에 도착하면 이 편지를 부쳐 주시겠어요? 어머니에게 보내는 편지에요." 칼도크는 해피스톤에게 예전에 많이 쓰던 규격의 크라프트지 봉투를 하나 내밀었다.

"그러지요. 잊지 않고 부칠게요." 해피스톤은 여전히 영문을 모른 채로 머뭇거리며 대답했다.

"보고 싶을 거예요, 해피스톤 씨." 칼도크는 고개를 숙이며 말했다. 그녀는 이미 뒤돌아설 채비를 하고 있었다.

"저도요." 대답할 말을 생각할 새도 없었던 해피스톤은 그런 바보 같은 대답밖에 할 수 없었다.

돌아서 걷는 칼도크의 실루엣이 살짝 고개를 끄덕이는 것을 보고 해피스톤은 그녀가 자신의 대답을 들었을 거라고 추측할 뿐이었다.

에 필 로 그

그로부터 2주 뒤 해피스톤을 태운 비행기가 케네디 공항
에 착륙했다. 해피스톤은 뉴기니에서 행복한 휴가를 보냈
다. 미리 계획했던 대로 뉴욕에 오기 전에 진정한 휴식을
취할 수 있었던 것이다. 그 덕인지 고국의 땅을 밟는 그 순
간, 곧바로 본래의 삶으로 돌아갈 수 있을 것 같은 기분이
들었다. 그런데 누군가 짐을 찾으려는 그의 이름을 불렀
다. 예정에는 공항에 그를 마중 나올 사람은 없었다.

"해피스톤 씨?"

"네?"

해피스톤은 목소리의 주인공을 찾기 위해 주위를 두리
번거렸다. 조그마한 체구의 여인이 컨베이어 벨트 앞에 몰
려든 사람들 틈바구니를 비집으며 다가오고 있었다. 50
대 정도 되어 보이는, 긴 생머리에 날씬한 몸매의 여인이었

다. 처음 보는 얼굴이었다.

"나는 칼도크 엄마예요." 그 가냘픈 여인이 해피스톤에게 다가오며 말했다. 해피스톤은 그녀가 들고 있는 편지 봉투를 곧바로 알아봤다.

"아……" 해피스톤은 갑작스러운 그녀의 등장에 할 말을 잃었다.

"잠깐 시간 좀 내주실 수 있으세요? 칼도크와 관련해서 드릴 말씀이 있어요. 어디 가 차라도 한 잔 할까요?"

해피스톤은 생전 처음 보는 이 여자가 자기가 버린 딸에 대한 얘기가 듣고 싶어서 그에게 숨 고를 틈도 주지 않고 접근하는 건 아닌가 생각했다. 아무려나, 그는 순순히 그녀를 따라 대합실을 가로질러 걸었다.

그들은 조용한 카페에 자리를 잡고 앉았다. 그 가냘픈 여인은 소파에 앉고 해피스톤은 맞은편 의자에 앉았다. 그녀는 위스콘신 주의 한 대학에서 경영학을 가르치고 있다고 자신을 소개했다. 캠퍼스가 오클레어라는 곳에 있다고 했다. 그녀는 들고 있던 편지 봉투를 해피스톤에게 내밀었다. 칼도크의 필체를 확인해 보라는 뜻이겠지만 그럴 필요도 없이 칼도크의 편지였다.

"걱정 마세요, 해피스톤 씨. 딸의 소식 같은 건 묻지 않을 테니까요. 지난 20년 간 딸에게서 받은 편지 중 이렇게 긴 편지는 처음이에요. 딸이 토암바에서 어떻게 지내고 있는지 자세히 써 놓았더군요." 그녀는 주저 없이 서두를 꺼냈다.

"걱정하지 않습니다." 해피스톤은 예의를 갖추어 대답했지만 사실 자리가 편치 않았다. 그녀가 원하는 게 뭔지 짐작할 수 없었다.

맞은편에 앉아 있는 그 여인은 젊지도 늙지도 않아 보였다. 둘 다라고 하는 편이 맞았다. 자세히 보니 긴 붉은 머리칼은 상해 있었고 볼에는 깊은 주름이 패어 있었다. 기침도 자주 했다. 그럼에도 얼굴에 소녀 시절의 청순함이 그대로 남아 있었다.

"해피스톤 씨, 저는 좀 이상한 일을 해야 합니다." 그녀는 최대한 감정을 배제하고 말했다.

해피스톤은 어깨를 으쓱하며 다음 말을 재촉했다.

"빨리 말씀 드리죠. 사실 저는 이런 역할에 익숙한 사람은 아니에요. 며칠 전만 해도 제가 이런 일을 하리라고는 꿈에도 몰랐죠. 그런데 칼도크의 편지를 읽고 나서 결국 샤프롱* 노릇을 하게 됐네요."

해피스톤은 그녀가 무슨 말을 하는 것인지 전혀 알 수 없었다.

"바로 말할게요. 칼도크의 편지에 따르면 그 애는 고백하는 데 실패했어요. 노력이 부족했던 건 아닌 것 같더군요. 칼도크는 적어도 열 번 이상 당신에게 암시를 줬어요. 그런데 해피스톤 씨가 칼도크를 주눅 들게 한 거예요. 칼도크가 제게 편지를 보낸 건 일종의 SOS 신호라고 생각해요. 제 생각에 칼도크는 당신을 기다리고 있어요. 칼도크가 제게 이런 얘기들을 고백한 건 당신에게 전해 달라는 의미라고 생각했고, 그래서 이렇게 당신을 만나러 온 거예요."

해피스톤은 너무 놀라서 뒤로 넘어갈 뻔했다. 그동안 그가 듣고 싶었던 얘기를 방금 들은 것이다. 그러나 막상 듣고 나니 두려움이 밀려왔다. 그는 이제 칼도크와 관련한 어떤 결정도 내릴 필요가 없게 됐다는 데 상당히 만족하고 있던 중이었다. 그는 온몸이 마비된 사람처럼 아무 말도 할 수 없었다.

"지금 대답하지 않으셔도 돼요. 제 역할은 당신에게 그

* 사교계를 출입하는 젊은 여성을 따라가 보살펴 주는 여자.

말을 전해 주는 것까지고, 제가 당신의 선택까지 관여할
수는 없죠. 솔직히 칼도크가 제게 왜 그런 임무를 맡겼는
지도 잘 모르겠어요. 그러니 편하게 생각하셔도 되요." 그
녀가 말했다.

하지만 해피스톤은 '편하게' 생각할 수 없었다. 그의 시
선이 허공을 맴돌았다. 한기가 등골을 훑고 지나갔다.

"칼도크의 편지를 보고 나서 두 가지 고민이 생겼어요.
이곳도 상황이 무척 나쁘거든요." 임무를 완수했다고 생
각했는지 그녀는 화제를 돌리려고 했다. 하지만 해피스
톤은 여전히 미라처럼 꿈쩍도 않고 앉아 있었다.

"우리는 끊임없는 위기 속에 살고 있지요. 예언자들, 의
욕에 찬 전문가들, 뱀을 춤추게 하는 피리 연주자들, 백파
이프 악단을 앞세운 스코틀랜드 군대는 부상을 당해서
다리를 절뚝이는 우리를 다시 전선으로 내몰기 위해 새로
운 곡을 연주해 대고 있죠. 그들은 상황이 나아지고 있다
고 말하지만, 지난 30년 간 실업률이 이렇게 높았던 적은
없었어요. 세계 곳곳에서 동시에 벌어지고 있는 일이죠.
불과 2년 전만 해도 모든 게 질서정연하게 별탈 없이 돌아
가는 듯 보였는데 말이에요!"

그녀는 솔직한 생각을 술술 풀어 놓았고, 그 속에 담긴 논리도 점점 선명해졌다. 그녀의 목소리는 처음에는 귓속에서 웅얼거리는 낮은 독백 같다가 점차 어떤 판결 같기도 하고 주술 같기도 한 소리로 변했다. 해피스톤은 그녀의 말을 귀담아 듣지 않았지만 그녀가 하려는 말이 무엇인지 직관적으로 알 수 있었다.

"우리가 사는 지금은 한 경제 체제가 종말을 고하는 시기라고 생각해요. 임종이 끝없이 계속되고 있죠. 혈관 속에서 피가 계속 굳어 가고 있어요. 생각만 해도!(그녀는 말을 시작할 때마다 그 감탄사를 반복했다) 참으로 어처구니없는 일이 벌어지고 있어요. 전 세계 대부분의 기업들이 얼마나 주주들의 이익만 생각하는지는 상상을 초월할 정도예요. 먼 훗날 이 시기를 가리켜 '금융 시장의 독재' 혹은 '주주들의 독재'라고 할지도 몰라요." 혼자 하는 독백이었지만 마치 논쟁에서 에너지를 다 소진한 듯 그녀의 목소리가 작아졌다.

"생각을 해보세요. 1980년대 중반까지만 해도 순 투자액에 해당하는 금액을 배당금으로 지급하던 미국의 기업들이 20년이 지난 지금은 그보다 세 배가 많은 배당금을

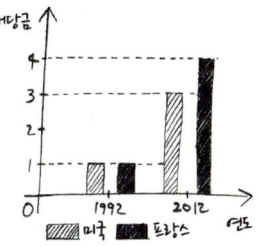

지급하고 있어요. 생각만 해도! 세 배라고요, 세 배! 프랑스 같은 나라에서는 거의 네 배가 늘었다더군요!"

해피스톤은 여전히 귓속에서 웅얼대는 그녀의 목소리 사이로 마치 꿈속에서처럼 아련한 음악이 흘러나오는 것 같은 느낌이 들었다.

"그러나 사람들은 지급된 배당금 액수와 총 투자액을 비교한 수치를 제시하면서 현실을 호도하고 있어요. 해피스톤 씨도 잘 아시겠지만, 이건 잘못된 비교 방식이에요. 순 투자액, 즉 축적된 자본의 감가상각이 반영된 수치를 사용해야 하죠. 기업의 수입이 어디에 사용되는지 그 경로를 추적하기 위해서는 순 이윤을 대상으로 삼아야 하고요. 다시 말해, 낡거나 교체되는 생산 자본의 비율을 참조해야 하죠. 그런데 갈수록 순 이윤이 생산 수단을 추가하거나 개선하는 데는 적게 쓰이고, 점점 더 많은 돈이 배당금으로 지급되어 주주들의 소비에만 쓰이게 된다고 생각해 보세요."

반사적으로 해피스톤의 귀가 번쩍 뜨였다.

"배당금이 순 투자액의 네 배에 달하다니! 불쌍한 마르크스!"

그녀는 과장이 섞인 목소리로 탄식을 내뱉었다. "축적
하라, 축적하라, 이것이 율법과 예언자의 말이다*라고 설
파하던 시대는 가고 '소비하라, 소비하라, 이것이 쾌락과
쇼핑의 말이다'라고 주장하는 시대가 온 거죠!" 그녀는 살
짝 미소 짓더니 계속 말했다.

"1960, 70년대 연간 6~7% 정도였던 자본 축적율은(테
크놀로지 버블이 생겼다가 붕괴한 1990년대를 제외하고) 꾸준
히 감소하여 오늘날 1~2%대로 떨어졌어요. 상황이 이런
데 어떻게 총 수요가 회복될 수 있겠어요? 그러니 임금 노
동자들의 상황이 나아질 거라고 기대할 수도 없지요. 아!
형편이 나아진 사람들이 있긴 해요. 주주들을 위해 일하
는 사람들에게는 좋은 시절이죠! 2차 세계대전 직후, 미국
에서 상위 10%의 사람들은 국가 전체 수입의 35%를 가져
갔지만 오늘날은 50%에 육박해요. 파이의 절반을 가져
간다고요! 생각만 해도! 그러니 나머지 대부분의 노동자
들은 허리띠를 졸라맬 수밖에요! 프랑스를 예로 들어 보
죠. 프랑스 노동자들의 평균 세후 임금 소득은 지난 30년
동안 전혀 증가하지 않았어요! 사람들은 프랑스를 사회
주의 국가로 여기는 경향이 있는데, 사실 새로운 기업 경

---

* 카를 마르크스의 《자본》에 등장하는 다음의 문구를 인용한 듯 보인다. "축적할지어
다, 축적할지어다! 이것이 모세와 예언자들의 말이다!"(《자본I-2》, 강신준 옮김, 길,
2008, p.814)

영과 금융 시장 독재를 위해 선택 받은 땅인 셈이에요!

그녀는 목소리 톤이 점점 올라가자 잠시 숨을 고르며 흥분을 가라앉히고 부드러운 목소리로 말을 이어나갔다. 이제 해피스톤도 그녀의 말에 귀를 기울이고 있었다.

"사람들이 생계를 위해 대출을 받도록 유도하는 일이 그토록 쉬웠다는 게 놀랄 일은 아니죠. 모든 문제들이 거기에서 시작되었다는 것도 마찬가지고요. 해피스톤 씨, 조금 심하게 이야기하면 이곳에서는 더 이상 어떤 경제적 진보도 불가능해요. 경제학자로서 성과를 내고 싶으시다면 토암바로 돌아가는 편이 나을 거예요."

해피스톤은 그가 떠나던 때의 토암바 경제 상황을 떠올렸다. 그녀의 긴 독백은 그에게 데자뷰 현상을 불러일으켰다. 해피스톤은 토암바 인들이 배당금을 더 달라고 소리치는 카렌토크들을 피해 도망가다가 자신들의 빚이 만들어 낸 깊은 나락으로 떨어지는 장면을 상상했다. 토암바로 돌아가라고? 작은 콩알 만했던 불안이 갑자기 커다란 기구처럼 부풀어 올랐다.

"기업들, 더 정확히는 기업과 은행을 다시 사회화하지 않고는 이 위기에서 벗어날 방법이 없어요, 해피스톤 씨.

그 기관들은 주주들의 것이 아니라 예전에 그 기관들을 세우기 위해 일한 사람들, 그리고 오늘 그 기관들을 위해 일하는 사람들의 것이잖아요. 우리 모두가 물려받은 유산인 셈이에요. 생각해 보세요, 4세기 아니, 그보다 더 긴 시간동안 이룩한 놀라운 역사라고요! 우리보다 먼저 태어나고 죽은 사람들의 재능과 땀과 노고가 고스란히 배어 있는 공동의 유산이자 재산이죠. 그것은 혼란으로 가득한 긴 발전 과정 속에서 돈에 대한 욕망에 의해 여기까지 운반된 거대한 빙하와 같아요. 그 속에는 그 거대한 기관들을 유산으로 남겨 준 모든 이들의 재능과 노고가 한데 뒤섞여 있어요. 기업과 은행은 과거의 지식인, 기술자, 회계원, 법률가, 경영자, 육체 노동자 등 모두에 의해 만들어진 것이고 그들 덕분에 오늘날의 임금 노동자, 소비자, 모든 영토의 주민들은 그 유산을 물려받아 새로운 것으로 변형시킬 수 있게 된 거예요. 기업과 은행은 인류의 공동 자산이에요. 해피스톤 씨, 그런데 왜 아직도 기업과 은행이 우리의 소유가 되지 못하는 걸까요? 이제 방법은 오직 하나뿐이에요. 기업을 재사회화 하는 것!" 그녀는 피로한 듯 말을 멈추었다.

해피스톤은 한참 생각에 잠겨 있었다. 기업의 재사회화라……, 좋은 생각이었다. 그러나 그는 이제 막 도착해서 짐을 찾아 나온 참이었다. 사흘 동안 샤워도 면도도 못했다. 벌써 새로운 임무를 고민할 상황은 아니었다. 집에 도착한 다음에도 당분간은 힘들 것이다. 더구나 기업을 재사회화하다니, 도대체 누가 그걸 원하겠는가 말이다.

옮긴이의 글

경제학은 과학이다. 단순히 숫자나 공식이 많이 등장하기 때문이 아니라 각 경제 주체의 일상적인 활동을 고도로 추상적인 형식으로 표현해야 하기 때문이다. 숫자나 공식은 하나의 수단일 뿐이다. 경제학에서 전제로 내세우는 경제 주체는 자신들의 의도와는 무관하게 경제 법칙의 지배를 받을 수밖에 없다는 의미에서 수동적이지만, 동시에 다양한 방식으로 경제 체제의 변화를 추동한다는 의미에서 능동적인 존재다.

경제학자들이 좋아하는 우화 속에 등장하는 경제 주체는 대부분 수동적인 존재로 그려진다. 그런데 로랑 코르도니에가 만들어 낸 이 우화 속에는 특이하게도 경제학자가 등장한다. 주인공 해피스톤은 시장을 인위적으로 창조하고 그 운영에 개입하기도 하는 능동적인 존재다. 고

전파 경제학의 다른 우화 속에 등장하는 완벽한 경쟁 시
장과 보이지 않는 손에 의한 균형은 이 이야기에서 애초부
터 들어설 자리가 없다. 물론 해피스톤의 의도대로 모든
게 순조롭게 작동하는 것도 아니다. 자본가들과 노동자
들의 이해관계, 카두크로 대표되는 중앙은행과 정부의 정
책 등이 맞물리면서 상황은 원래의 의도를 벗어나 독자적
인 궤도를 따라가기 시작한다.

자연과학에서 과학자의 관찰 행위가 실험에 영향을 미
치기 때문에 완전히 폐쇄적인 실험 상황을 만드는 일이 불
가능한 것과 마찬가지로, 경제 주체들의 이기적인 활동이
보이지 않는 손에 의해 조화를 이루게 될 것이라고 믿었던
고전파 경제학자들의 순수한 가정도 성립할 수 없다는 것
을 이 우화는 잘 보여 준다. 즉 미시경제학에서는 진리라
도 거시경제학에는 적용 불가능한 것이 있다. 물리학에서
일반상대성이론과 양자역학이 양립할 수 없는 것과 비슷
하다.

알게 모르게 우리는 수많은 우화를 믿으며 살아간다.
개미와 배짱이의 우화를 보며 열심히 일하면 언젠가는 부
자가 되고 게으름을 피우면 결국 가난해진다고 배웠다.

그러나 지금의 자본주의 체제를 보면 결과는 정 반대다. 노동자들은 열심히 일할수록 더 가난해지고 주주들과 경영자들은 갈수록 많은 수입을 올린다. 티끌 모아 태산이라는 말도 있다. 그런데 이 격언은 부실 채권들을 조합한 금융 파생 상품으로 엄청난 수익을 내면서 경제 위기를 초래한 금융 자본가들에게만 진리가 된다. 고전파 경제학자들 혹은 신자유주의 경제학자들이 주장하는 경제 이론으로는 이런 현상들을 설명할 수 없다.

고전파 경제학의 우화(이데올로기)를 가장 명쾌하게 비판한 사람은 카를 마르크스다. 그는 이윤과 잉여 가치를 구분하고 가치의 원천이 되는 노동력이라는 상품의 분석을 통해 고전파 경제학자들이 풀지 못했던 많은 난제들을 해결했다. 이 책 속에 마르크스에 대한 언급은 매우 드물게 등장한다. 저자의 관심은 생산 수단의 사적 소유와 노동에 대한 착취 등 심층적인 차원보다는 상품 교환과 투자가 이루어지는 표면적인 차원에 머무른다. 자연스럽게 저자의 논의는 미할 칼레키와 케인스의 이론을 중심으로 진행된다. 따라서 잉여 가치를 창출하는 생산 현장 보다는 이윤을 실현하는 투자와 소비 영역이 문제가 된다.

실제로 이런 관점에서 도입된 정책과 제도 덕분에 전후 세계 자본주의는 엄청난 번영을 구가했다. 케인스주의적 경제 정책과 복지의 확대 덕분에 가능한 일이었다.

그러나 마르크스가 발견한 자본주의의 모순이 해소된 것은 아니다. 노동자들의 임금 인상 요구와 인플레이션에 직면한 세계 자본주의는 이윤율 하락을 극복하기 위해 자유주의적 정책으로 선회하게 된다. 미국과 유럽의 정부들은 금융 투자에 장애가 되는 기존의 규제들을 차례로 철폐하기 시작했고 금융자본가들은 엄청난 이윤을 올리게 되었다. 실업률이 치솟고 복지는 삭감되었다. 미국에서는 유효 수요를 확대하기 위해 상환 능력이 없는 사람들에게까지 주택 담보 대출을 해주었다. 그리고 그 결과는 잘 알다시피 2007년 서브프라임 모기지 사태이다.

'위기'라는 말이 넘쳐난다. 1929년 대공황 이후 최악의 위기라고 한다. 2007년 미국의 서브프라임 모기지 사태로 시작된 위기는 좀처럼 진정될 기미를 보이지 않는다. 유럽까지 금융 위기가 확대되어 유로화의 존폐 논란까지 낳고 있다. 언제쯤 경기가 회복될지, 어디까지 위기가 확대될지 아무도 예측할 수 없는 상황이다. 그 희생양은 노

동자와 실업자들이다. 세계 곳곳에서 분노한 사람들이 금
융가에 모여 시위를 벌이고 있다. 각국 정부는 일부 투자
자들의 탐욕을 비난하며 그들에게 모든 책임을 떠넘기려
고 한다. 미국에서는 파산한 은행이 사실상 국유화되는
초유의 사태까지 발생했다.

　저자는 에필로그에서 칼도크 어머니의 입을 빌려 직접
적으로 대안을 제시한다. 그는 공장과 은행을 재사회화
하자고 말한다. 저자가 다른 지면들을 통해 꾸준히 주
장해 오던 것이다. 구체적으로 어떤 방식으로 재사회화
가 이루어져야 하고 발전되어야 하는지에 대한 설명은
없지만, 적어도 저자가 이 긴 우화를 통해 독자들에게 전
달하고자 하는 메시지가 무엇인지 짐작해 볼 수 있는 대
목이다.

　저자는 경제 문외한들에게 단지 쉽게 경제학을 설명하
기 위해 우화라는 형식을 사용한 것은 아니다. 저자는 우
화 혹은 신화 속에 숨겨진 대중의 소망을 실현하기 위해
서는 우선 신화가 은폐하는 현실을 직시하는 것에서부터
시작해야 한다는 사실을 가르쳐 준다. 그 수단이 바로 과
학으로서의 경제학일 터이다. 독자들이 해피스톤의 고민

에 함께 참여하면서 경제학에 대한 이해를 넓히고 현 위기
를 풀 수 있는 해법을 모색하는 기회가 되었으면 하는 게
역자의 바람이다.

해피스톤의 노트 속에 기록된 '폼'와 '도식'

표1 | 토암바 섬의 실물 경제(혹은 자연 경제)

밭 번호	생산량	누적 생산량	현물 임금	현물 이윤	누적 이윤
1	5.95	5.95	4	1.95	1.95
2	5.85	11.8	4	1.85	3.8
3	5.75	17.55	4	1.75	5.55
4	5.65	23.2	4	1.65	7.2
5	5.55	28.75	4	1.55	8.75
6	5.45	34.2	4	1.45	10.2
7	5.35	39.55	4	1.35	11.55
8	5.25	44.8	4	1.25	12.8
9	5.15	49.95	4	1.15	13.95
10	5.05	55	4	1.05	15
11	4.95	59.95	4	0.95	15.95
12	4.85	64.8	4	0.85	16.8
13	4.75	69.55	4	0.75	17.55
14	4.65	74.2	4	0.65	18.2
15	4.55	78.75	4	0.55	18.75
16	4.45	83.2	4	0.45	19.2
17	4.35	87.55	4	0.35	19.55
18	4.25	91.8	4	0.25	19.8
19	4.15	95.95	4	0.15	19.95
20	4.05	100	4	0.05	20
21	3.95	103.95	4	−0.05	19.95
22	3.85	107.8	4	−0.15	19.8
23	3.75	111.55	4	−0.25	19.55
24	3.65	115.2	4	−0.35	19.2
25	3.55	118.75	4	−0.45	18.75

▪ **표 읽는 방법**: 10번 밭의 주당 생산량은 타로 5.05kg이다. 만약 10번 밭까지 경작을 할 경우(11~25번 밭은 휴경), 토암바의 주당 총 타로 생산량은 55kg이 될 것이다. 주당 임금이 타로 4kg이므로 10번 밭의 이윤은 타로 1.05kg이다(임금 비용 4kg으로 5.05kg 생산). 1~10번 밭에서 실현된 총 이윤은 타로 15kg이다.

표2 | 사라진 이윤(화폐 지불이 도입된 이후의 농업생산 부문)

밭 번호	생산량	가격	화폐수입	화폐임금	화폐이윤
1	5.95	0.8	4.76	4	0.76
2	5.85	0.8	4.68	4	0.68
3	5.75	0.8	4.6	4	0.6
4	5.65	0.8	4.52	4	0.52
5	5.55	0.8	4.44	4	0.44
6	5.45	0.8	4.36	4	0.36
7	5.35	0.8	4.28	4	0.28
8	5.25	0.8	4.2	4	0.2
9	5.15	0.8	4.12	4	0.12
10	5.05	0.8	4.04	4	0.04
11	4.95	0.8	3.96	4	−0.04
12	4.85	0.8	3.88	4	−0.12
13	4.75	0.8	3.8	4	−0.2
14	4.65	0.8	3.72	4	−0.28
15	4.55	0.8	3.64	4	−0.36
16	4.45	0.8	3.56	4	−0.44
17	4.35	0.8	3.48	4	−0.52
18	4.25	0.8	3.4	4	−0.6
19	4.15	0.8	3.32	4	−0.68
20	4.05	0.8	3.24	4	−0.76
합계	100		80	80	0

■ **표 읽는 방법**: 7번 밭의 주당 생산량은 5.35kg이다. 시장 가격이 1kg당 80센트일 때 7번 밭의 화폐 수입은 4.28토픽이다. 주당 화폐 임금이 4토픽이므로 7번 밭의 주인은 28센트의 이윤을 얻는다. 이보다 생산량이 적은 16번 밭의 경우는 44센트의 손실을 입는다. 전체 이윤의 합과 손실의 합이 서로 정확히 일치한다는 것을 알 수 있다(총합은 0이 된다).

표3 | 돌아온 이윤(투자 지출 도입 이후의 농업생산 부문)

밭 번호	생산량	가격	화폐수입	화폐임금	화폐이윤
1	5.95	1	5.95	4	1.95
2	5.85	1	5.85	4	1.85
3	5.75	1	5.75	4	1.75
4	5.65	1	5.65	4	1.65
5	5.55	1	5.55	4	1.55
6	5.45	1	5.45	4	1.45
7	5.35	1	5.35	4	1.35
8	5.25	1	5.25	4	1.25
9	5.15	1	5.15	4	1.15
10	5.05	1	5.05	4	1.05
11	4.95	1	4.95	4	0.95
12	4.85	1	4.85	4	0.85
13	4.75	1	4.75	4	0.75
14	4.65	1	4.65	4	0.65
15	4.55	1	4.55	4	0.55
16	4.45	1	4.45	4	0.45
17	4.35	1	4.35	4	0.35
18	4.25	1	4.25	4	0.25
19	4.15	1	4.15	4	0.15
20	4.05	1	4.05	4	0.05
합계	100		100	80	20

■ **표 읽는 방법**: 투자재 생산 부문에서 지급된 임금이 농업 생산물 소비를 위해 지출
됨으로써 작물 1kg당 가격은 1토픽으로 올랐다. 덕분에 20번 밭까지 (임금 지불을
감안해도) 손실 없이 작물을 모두 판매할 수 있게 되었다.

표4 | 황금기에 거둔 결실(투자를 통해 생산력이 향상된 후의 농업생산 부문)

밭 번호	생산량	가격	화폐수입	화폐임금	화폐이윤
1	23.8	0.25	5.95	4	1.95
2	23.4	0.25	5.85	4	1.85
3	23	0.25	5.75	4	1.75
4	22.6	0.25	5.65	4	1.65
5	22.2	0.25	5.55	4	1.55
6	21.8	0.25	5.45	4	1.45
7	21.4	0.25	5.35	4	1.35
8	21	0.25	5.25	4	1.25
9	20.6	0.25	5.15	4	1.15
10	20.2	0.25	5.05	4	1.05
11	19.8	0.25	4.95	4	0.95
12	19.4	0.25	4.85	4	0.85
13	19	0.25	4.75	4	0.75
14	18.6	0.25	4.65	4	0.65
15	18.2	0.25	4.55	4	0.55
16	17.8	0.25	4.45	4	0.45
17	17.4	0.25	4.35	4	0.35
18	17	0.25	4.25	4	0.25
19	16.6	0.25	4.15	4	0.15
20	16.2	0.25	4.05	4	0.05
합계	400		100	80	20

▪ **표 읽는 방법**: 6번 밭의 주당 생산량은 타로 21.8kg이다. 황금기 후반에 접어들었을 때 6번 밭의 생산량은 투자재가 투입되기 전보다 4배 증가했다. 작물 판매 가격은 생산성 향상과 카렌토크들 간의 경쟁 덕분에 4분의 1이 되었다(0.25토픽/kg). 따라서 화폐 수입과 화폐 이윤은 예전과 동일하다(그러나 실질 가치로 보면 황금기 이전과 비교해서 4배 많은 작물을 구입할 수 있는 금액이다).

표5 | 배당금의 도입(새로운 경작지 추가 없이 배당금 지급이 시작된 직후의 농업 생산 부문)

밭 번호	생산량	가격	화폐수입	화폐임금	화폐이윤
1	23.8	0.28125	6.69375	4	2.69375
2	23.4	0.28125	6.58125	4	2.58125
3	23	0.28125	6.46875	4	2.46875
4	22.6	0.28125	6.35625	4	2.35625
5	22.2	0.28125	6.24375	4	2.24375
6	21.8	0.28125	6.13125	4	2.13125
7	21.4	0.28125	6.01875	4	2.01875
8	21	0.28125	5.90625	4	1.90625
9	20.6	0.28125	5.79375	4	1.79375
10	20.2	0.28125	5.68125	4	1.68125
11	19.8	0.28125	5.56875	4	1.56875
12	19.4	0.28125	5.45625	4	1.45625
13	19	0.28125	5.34375	4	1.34375
14	18.6	0.28125	5.23125	4	1.23125
15	18.2	0.28125	5.11875	4	1.11875
16	17.8	0.28125	5.00625	4	1.00625
17	17.4	0.28125	4.89375	4	0.89375
18	17	0.28125	4.78125	4	0.78125
19	16.6	0.28125	4.66875	4	0.66875
20	16.2	0.28125	4.55625	4	0.55625
합계	400		112.5	80	32.5

■ **표 읽는 방법**: 밭 주인들에게 지급된 배당금이 소비재 구입에 사용되면서 농업 생산물에 대한 전체 수요가 12.5토픽 증가하고 작물 가격도 12.5% 인상됐다(1kg당 25센트에서 28.125센트로). 그 덕분에 농업 분야 수입도 12.5토픽 증가하고 그 결과로 화폐 이윤도 12.5토픽 증가했다(20토픽에서 32.5토픽으로).

표6 | 배당금의 도입(배당금 지급 후 경작지를 추가했을 경우의 농업 생산 부문)

밭 번호	생산량	가격	화폐수입	화폐임금	화폐이윤
1	23.8	0.279	6.6402	4	2.6402
2	23.4	0.279	6.5286	4	2.5286
3	23	0.279	6.417	4	2.417
4	22.6	0.279	6.3054	4	2.3054
5	22.2	0.279	6.1938	4	2.1938
6	21.8	0.279	6.0822	4	2.0822
7	21.4	0.279	5.9706	4	1.9706
8	21	0.279	5.859	4	1.859
9	20.6	0.279	5.7474	4	1.7474
10	20.2	0.279	5.6358	4	1.6358
11	19.8	0.279	5.5242	4	1.5242
12	19.4	0.279	5.4126	4	1.4126
13	19	0.279	5.301	4	1.301
14	18.6	0.279	5.1894	4	1.1894
15	18.2	0.279	5.0778	4	1.0778
16	17.8	0.279	4.9662	4	0.9662
17	17.4	0.279	5.8546	4	0.8546
18	17	0.279	4.743	4	0.743
19	16.6	0.279	4.6314	4	0.6314
20	16.2	0.279	4.5198	4	0.5198
21	15.8	0.279	4.4082	4	0.4082
22	15.4	0.279	4.2966	4	0.2966
23	15	0.279	4.185	4	0.185
합계	446.2		124.5	92	32.5

■ **표 읽는 방법**: 배당금 지급으로 증가한 추가 지출로 작물 가격이 상승하자 기존에는 수익성이 없던 몇 개의 밭에서도 수익을 올릴 수 있게 되었다. 새롭게 경작을 시작한 밭에서 일할 노동자들이 고용되었고 그들에게 임금이 지급되었다. 이 임금은 농업 생산물 구매를 위해 지출되었으므로 가격의 급격한 하락을 막아 주었다. 총 3개의 밭이 새롭게 경작을 시작했고(총 생산량은 446.2kg으로 증가) 3명의 노동자가 추가로 고용되었다. 따라서 농업 생산 부문의 총 임금과 총 수입(124.5토픽)이 (표5와 비교했을 때) 각각 12토픽씩 증가했다. 그러나 총 이윤은 변함이 없었다(여전히 32.5토픽). 이는 가격(조금 인하되었다) 때문이라기보다는 작물 판매량 증가에서 비롯된 것이다.

화폐 지출의 순환 도식1

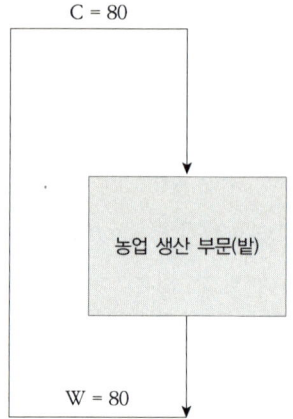

```
        C = 80
  ┌──────────────┐
  │              │
  │              ▼
  │        ┌──────────┐
  │        │          │
  │        │ 농업 생산 부문(밭) │
  │        │          │
  │        └──────────┘
  │         W = 80  │
  └─────────────────▼
```

C = 소비 지출
W = 지급된 임금

화폐 지출의 순환 도식2

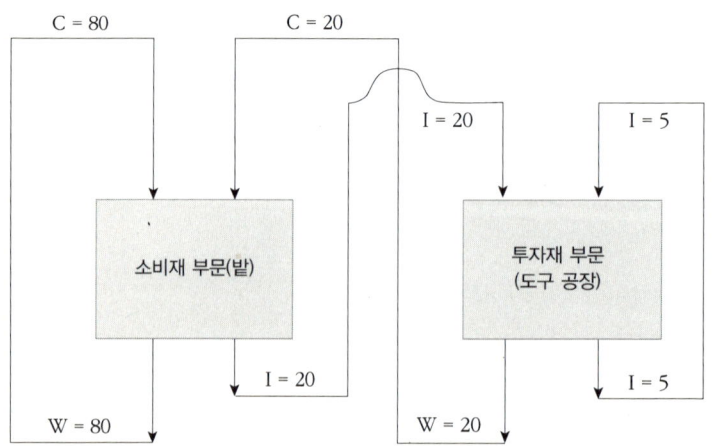

C = 소비 지출   W = 지급된 임금   I = 투자 지출

화폐 지출의 순환 도식3

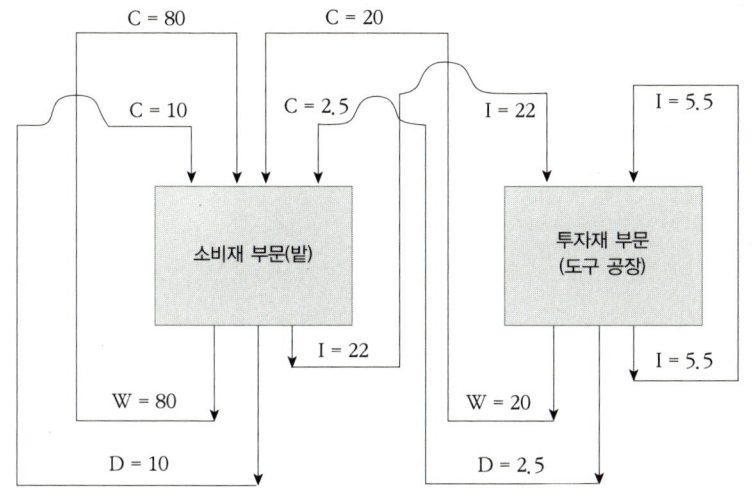

C = 소비 지출　　W = 임금
I = 투자 지출　　D = 배당금

보기 좋게 정리한 경제학자들

시대상황	대표적 경제학자와 학설
18세기 후반 중상주의	애덤 스미스(자유방임주의)
19세기 초반 산업혁명, 인구급증, 곡물 가격 폭등	맬서스(인구론), 리카도(노동가치설) 장 바티스트 세(세의 법칙)
19세기 중반 노동자, 자본가 계급 대립	마르크스(잉여가치론, 공황론)
19세기 후반 기술 진보와 노동자 생활 향상	발라(한계효용론), 제번스(발라와 함께 한계효용이론의 창시자), 마셜(공급이론과 수용이론을 종합하여 가격이 결정되는 원리 제시)
1929년 대공황	케인스(정부의 공공지출 필요성 주장) 하이에크(모든 계획 경제 반대)
1950~60년대 황금기	슘페터(기업가 정신 주장), 새뮤얼슨(신고전학파 경제학과 케인스 경제학 접목)
1970년대 스태그플레이션	프리드먼(통화주의, 공급중시 경제학)
1980년대 이후 세계화, 만성적 침체와 불평등 심화	로빈슨(케인즈 이론의 수정, 관찰) , 미할 칼레키(소득배분과 경기순환론 전개), 니콜라스 칼도어(포스트 케인지언), 레이온후프트(네오케인지언)